"中央高校基本科研业务费专项资金资助"

（Supported by the Fundamental Research Funds for the Central Universities）

项目编号：20720171091

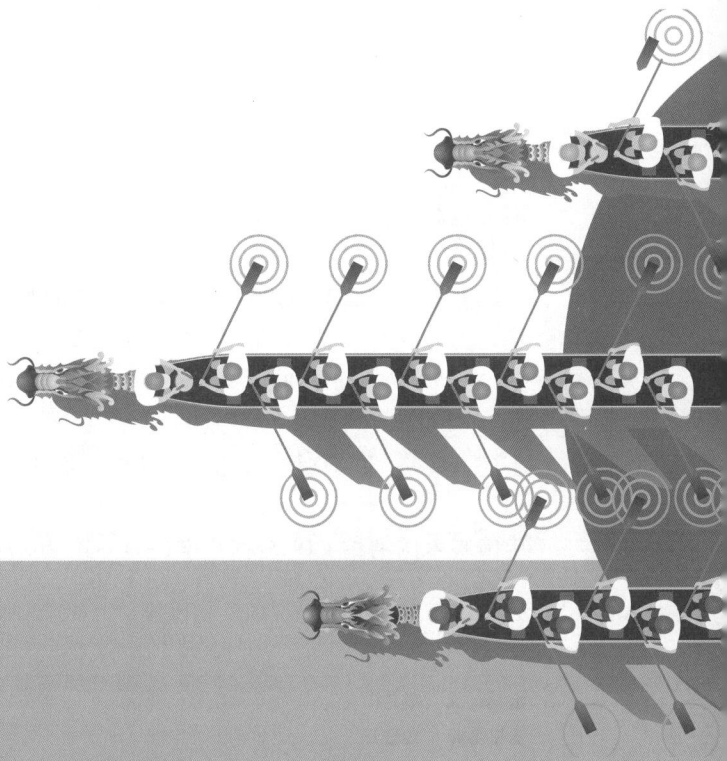

孟蒙◎著

资源人类学视域下

清水江苗族龙舟竞渡的

观光化演变

厦门大学出版社

XIAMEN UNIVERSITY PRESS

国家一级出版社

全国百佳图书出版单位

图书在版编目(CIP)数据

资源人类学视域下清水江苗族龙舟竞渡的观光化演变/孟蒙著.—厦门:厦门大学出版社,2019.4
ISBN 978-7-5615-7231-3

Ⅰ.①资… Ⅱ.①孟… Ⅲ.①苗族—龙舟竞赛—研究—贵州 Ⅳ.①G852.9

中国版本图书馆 CIP 数据核字(2018)第 263781 号

出 版 人	郑文礼
责任编辑	文慧云
封面设计	李夏凌
技术编辑	朱 楷

出版发行 厦门大学出版社

社　　址　厦门市软件园二期望海路 39 号
邮政编码　361008
总 编 办　0592-2182177　0592-2181406(传真)
营销中心　0592-2184458　0592-2181365
网　　址　http://www.xmupress.com
邮　　箱　xmupress@126.com
印　　刷　厦门市金凯龙印刷有限公司

开本　787 mm×1 092 mm　1/16
印张　11.75
插页　1
字数　250 千字
版次　2019 年 4 月第 1 版
印次　2019 年 4 月第 1 次印刷
定价　46.00 元

厦门大学出版社
微信二维码

厦门大学出版社
微博二维码

目　录

第 一 章

绪　论

第一节　研究的目的及背景

中国共有 56 个民族,分别是占全国总人口九成的汉族以及 55 个少数民族。

本研究选择了这 55 个少数民族之一的苗族,研究关于分布于贵州省清水江流域一部分该民族每年定例活动之一的龙舟竞渡,并对其观光化演变进行论述。

在 2010 年的统计中,苗族的人口为 9 426 007 人,分散于中国西南部,集中居住在贵州省及湖南省,特别是有大约半数人口在贵州省生活。苗族的中心位于清水江流域,他们因拥有长期与汉族王朝对抗的历史,而被评价为勇猛的民族,他们从其祖籍居住地长江(扬子江)流域不断南下迁徙,直至今天的居住地。他们的龙舟竞渡是把三条独木舟(25～30 米的狭长形状)绑成 1 条,而且人们是站着划船的,从这一点上看,其和中国南部其他地区的龙舟竞渡是有区别的。此外,他们将"斩龙传说"作为起源,而其他地区并未流传这一说法,因此从这一点看来也是很奇特的。

这样,虽然龙舟竞渡在很长的时间里,作为每年五月的惯例活动在苗族内部被传承下来,然而从进入 21 世纪以来,却经历了很大的变化。人们开始提倡与以往的发展模式不同的文化产业模式,这其中之一就是经济发展缓慢的内陆"西部大开发"项目(2000 年)。在这个项目中,政府奖励可持续文化资源的发掘及活用,并完善了相关法律法规。非物质文化遗产制度(存在国家指定、省级指定等多个阶段)的导入就是一个例子。

这样的发展趋势,对于在经济发展中往往处于落后地位的少数民族来说,是一个用自己的传统文化,尤其是民族文化来开创自身发展的绝佳机会。

一般说来,这些少数民族文化产业的发展,经常伴随政府指导的保驾护航,苗族也不例外。

在本研究中,将对"清水江苗族是如何与贵州省政府及台江县政府等进行合作,从而使他们的龙舟竞渡观光资源化这一问题"进行论述。

第二节　先行研究的探讨

除了中国以外,龙舟竞渡在东南亚及日本等地区也有进行,而且关于这些的研究也甚多,在此,本研究将围绕以中国贵州省清水江苗族的龙舟竞渡作为问题进行论述的相关研究,来进行先行研究探讨。

在进入探讨之前,首先对最早期的苗族研究进行概括说明。

人类学领域最早着手对苗族进行研究的代表人物之一是日本的鸟居龙藏。1902年到1903年间,他对中国西南部的苗族进行了田野调查。他的《苗族调查报告》是第一部人类学专业意义上的苗学专著,其中较为完整地记载了苗族的名称区分、地理分布与神话、体制与语言、土俗及土司制度、服饰与乐器等内容,并进行形态测定,同时根据传承及史料推断出他们的迁徙路线。法国萨维那(F.M.Savina)著有《苗族史》(*Histoires des Miao*),其虽身为教会传教士,但掌握人类学与民族学的调查方法,并运用比较语言学的方法完成了研究。《苗族史》的主要内容分为"苗族语言的比较研究"以及"历史与分布及信仰"这两个部分。后有英国传教士克拉克(Clarke S.R.)的《在中国的西南部落中》(*Among the Tribes in South-West China*),与波拉德(S.Pollard)的《苗族纪实》(*The Story of the Miao*)都是早期对苗族的人类学研究。到20世纪20年代至40年代,有中国早期民族学者杨万选所著《贵州苗族考》、梁聚五所著《苗族发展史》,以及吴泽霖、陈国钧、杨汉先、凌纯声等所撰论文数十篇。以上资料虽未曾对苗族的龙舟竞渡有过描述,但都是撰写民族志时的重要文献,故在先行研究中列出,以作为本书人类学研究工作的重要一环。

20世纪60年代,台湾地区"中央民族研究所"学者文崇一著有《九歌中的水神与华南的龙舟赛神》,其中较为详细地记载了中国长江流域以南地区关于龙的起源,龙与水神的关联,龙舟与龙舟竞渡等内容。文中对龙舟与龙舟竞渡的起源、龙舟竞渡与屈原投江的传说、龙舟竞渡与农业之间的关系、龙舟竞渡在宗教上的功用做了较为详细的分析与阐述,对龙舟竞渡的方法、龙舟的构造、龙舟竞渡的日期、龙舟竞渡的地理分布等列举了大量的资料论证。并得出三点推断:"一、龙舟竞渡的起源与存在意义与古时信鬼好巫有关,且其很有可能是出自春秋战国时期的楚国;二、祭祀屈原、伍子胥等人物是在龙舟竞渡起源之后附会上的;三、龙舟竞渡与祈求风调雨顺、祛病消灾、年丰时稔息息相关。"总体来说,这是一部近现代时期珍贵的龙舟史料,其较完整地编集了从古至今的龙舟记载,为今后龙舟研究提供了珍贵的参考价值,但可能由于条件等因素的限制,缺少了对贵州地区龙舟竞渡的记载。

20 世纪 40 年代，与中国早期民族学者吴泽霖、杨汉先等人同在大夏大学①的德国人类学家鲍克兰(Inez de Beauclair)在贵州的人类学调查报告《中国西南地区的部落文化》(*Tribal Culture of Southwest China*)与《贵州省境内非汉民族部落的文化特质》中对贵州省东部清水江苗族的龙舟有所记载。其中鲍克兰把龙舟竞渡举行期间称为龙船节(*Dragon-boat festival*)，并详细描述了举行日期、地点，平日存放龙舟的龙舟棚，龙舟形制和竞渡人员分配，"迎龙仪礼"及服装配饰等内容。他指出龙舟竞渡是每年农历五月举行的惯例活动，进行龙舟竞渡的苗族在贵州省是当地唯一的黑苗，并推断他们是在距当时 500 年前移居到此地，之后此地便有了龙舟竞渡这项活动。此外，资料显示，他们有可能是从现今湖南省汨罗江一带沿沅江往上游迁徙此地的。这两份报告中的内容不仅描述了民国时期苗族龙舟竞渡的境况，也有大量记录苗族生产生活、婚嫁风俗以及作者自己的分析推断，成为记述苗族龙舟竞渡这一时期境况的珍贵史料。

1958 年，由费孝通等一批学者组成中央民族调查团对苗族进行了考察与识别，并出版了《贵州省台江县苗族的节日》一书。到 1986 年，由中国科学院民族研究所组成的贵州少数民族社会历史调查组(贵州省编辑组)把 1958 年的上述资料一并编进《苗族社会历史调查》丛书。

书中记录了龙舟竞渡分布区域、传说由来(三个)、龙舟形制、制作新船的祭祀仪式、龙舟人员分配、龙舟节期间的盛况等并附有参加龙舟竞渡的村寨名单与龙舟数量，以及在附上的一份补充调查报告中记录了龙舟节在经历"土地改革""大跃进"时期影响后的变化。

并得出以下结论：(1)龙舟节作为苗族的传统活动应当被保留下来，在客观上它促进了生产，而不是妨碍生产。(2)"大跃进"时期，对龙舟活动的强行改变是错误的(如改变时间、地点，要求妇女划赛龙舟等)，得出风俗习惯的改革要通过本民族内部协商去实现才会产生良好效果的结论，如果只凭几个干部的主观愿望做出硬性改变，实践证明其效果并不好。(3)认为龙舟节期间的粮食耗费巨大，造成了浪费，而且龙舟节的禁忌与仪式是迷信且不健康的，因此应该实施破除迷信的教育。

中国实行改革开放后，被禁的大批文化活动，包括苗族龙舟竞渡都逐渐得到了恢复，相关调查也得以重新展开，并开始了与国外进行文化研究等方面的交流。

20 世纪 80 年代初期，日本龙舟研究专家君岛久子在与中国吴泽霖等一批学者交流后撰写了《贵州苗族在清水江上的龙舟竞渡》一文，她翻译了《苗族社会历史调查(一)》中对龙舟节的调查报告，把中国古文献当中出现的龙舟竞渡日期与苗族龙舟竞

---

① 大夏大学(The Great China University)是由 1924 年因学潮从厦门大学脱离出来的部分师生在上海发起建立的一所综合性私立大学。"大厦"即"厦大"之颠倒，后来取"光大华夏"之意定名大夏大学。二战期间曾西迁贵阳，与复旦大学合并为中国历史上第一所联合大学，光复后迁回上海。1951 年 10 月，在原校址与光华大学相关合并后成立华东师范大学，成为中华人民共和国创办的第一所师范大学。

渡日期进行了对比研究,并结合之前对龙舟的研究,列出除日本长崎、冲绳等地进行大型的龙舟竞渡与祭祀之外,中国大陆南部的全域以及东南亚各地都盛行龙舟竞渡及相关祭祀活动,而这些与当地民族信仰、宗教仪式、古时传统文化的根源都有相应联系,希望中日可以对龙舟竞渡进行联合实地调查。除此之外,君岛还撰写有《龙神(龙女)传说与龙舟节》《龙舟竞渡考——以"武陵竞渡略"为中心》《中国文献中的龙舟竞渡——以方志资料为中心》等龙舟方面的文章。

寒川恒夫在其博士论文《稻作民族传承的游戏之文化史考察——以东亚、东南亚地区为中心》(1981)第二章"竞舟"第一节"南中国的竞舟"中对清水江苗族的龙舟竞渡有过详细的描述。在基于鲍克兰以及中国相关部分的史料上,对其地区黑苗的迁移、龙舟竞渡的宗教性等问题做了探讨。

日本学者铃木正崇曾两次到台江施洞进行田野调查,并对苗族龙舟竞渡(文中称龙船节)进行了深入的研究,在第一次调查后与金丸良子两人共同完成《中国西南地区的少数民族》(1985)一书,其中在第十二章对龙舟节与姊妹节进行了探讨,并得出龙船节是男人的节日,具有天地再生的文化象征;姊妹节是女人的节日,具有社会得以存续的社会功能。铃木在 1985 年结束第二次调查后,撰写了《关于龙舟节的考察——以贵州省苗族为例的研究》(1988)一文,其中详细记载了考察中对龙氏的访谈与相关龙船节内容的补充,并结合龙船节的起源传说探讨了举行龙船节村寨的地理分布与社会秩序的内外在联系,最后继续对龙船节与姊妹节做了对比反思,得出龙船节的仪礼具有外在化的远心指向,代表了与祖先(灵的存在)之间的交流;姊妹节的仪礼具有内在化的向心指向,代表了以家为中心的婚姻。

此外,铃木还著有《祭祀与世界观的变迁——中国贵州省苗族的龙船节》(2010年)及《苗族历史与文化的动态——中国南部山地民族的想象力变迁》(2012 年),文中记述了龙舟节的起源传承(七个版本的分析比较)、祭祀执行的流程,龙舟节和姊妹节的比较等内容。

在中国方面,20 世纪 80 年代末,各学科人文学者(包括历史学、社会学、人类学、民族学、文化学、民俗学、宗教学等领域)开始对苗族龙舟竞渡进行探讨和研究。1985年,吉星著有《中国民俗传说故事》,文中搜集了关于苗族龙舟的传说由来;1988 年,吴通发撰有《贵州清水江苗族龙舟节》一文,当中第一次使用了"龙舟节"的称谓。同年,张建世撰写的《中国的龙舟与竞渡》、段双印的《龙舟竞渡新论——苗族龙舟节启示录》、孙霄的《黔东南苗族的独木龙舟文化》等文章中开始使用"独木龙舟"的叫法。至1990年"施洞龙船节"期间,由政府组织在当地召开了中华龙舟文化研讨会,并在次年出版了论文集《中华龙舟文化研究》,其中的议题有"龙舟与民族意识""龙舟探源""龙舟竞渡研究""龙舟文化的传承与发展""清水江龙舟文化特征""龙舟的文化价值与功能""龙舟活动习俗""龙舟之文艺分析""龙舟文化管理"等。之后,于 90 年代发表的有杨学军的《清水江流域苗族龙舟节》、田军的《清水江苗族龙船节来源传说辨析》以及钱星的《浅述清水江畔苗族的龙舟文化》等文章。这一时期文献研究的重点依旧探讨龙舟的起源、对现实状况的描述,以及把苗族的龙舟竞渡作为中华龙舟中的一部分来探讨论述其功能作用等。

进入 21 世纪以来,关于苗族龙舟竞渡的研究与以往相比开始增多。佐竹绘美在 2006 年发表了《苗族的龙舟竞渡——从贵州省台江县施洞的田野报告》一文,其中包括笔者在 2005 年到施洞对苗族龙舟竞渡进行为期一周的调查笔记,文中写到随着观光化的出现引起的相关仪式被简化的状况,虽然其只是处于萌芽阶段,但也能看出人们开始关注观光化的演变。同时,佐竹还强调应该对苗族仪式中的古歌作进一步研究的看法。

进入 21 世纪以来的中国,苗族龙舟竞渡方面的研究开始被体育领域的学者关注。研究分为人文社会科学领域(文化人类学、民族学、民俗学、文化学、美学等)以及自然科学领域(体质人类学、运动生理学)。在人文社会科学(人文学及文化领域)方面,卢塞军进行了一系列的研究。他在 2007 年的《贵州苗族独木龙舟原生态竞渡文化探析》一文中,对独木龙舟竞渡的传说、祭祀仪式、当地苗族的生活形态、社会组织形态、龙舟制作、竞渡的操作技法、组织规则等内容进行了阐述。得出了独木龙舟文化的形成与苗族的自然生态环境和生活方式息息相关的结论,其中宗教信仰是古老龙舟起源的文化核心,祭天、敬神的图腾崇拜意识来源于苗家人的多样性生活形态,各种生活方式融入自然的观念都充分体现出苗族独木龙舟的文化、社会价值取向等观点。2008 年,卢塞军以"非物质文化遗产视角下的苗族独木龙舟文化追踪"为题主持申请到"中国国家哲学·社会科学基金项目"。并在 2011 年,发表《贵州苗族独木龙舟非物质文化遗产景象追踪研究》一文,其中将独木龙舟作为非物质文化遗产为对象进行考察和研究,得出了独木龙舟作为非物质文化遗产是了解苗族文化,展现多彩贵州少数民族文化风情的"文化名片"的结论。因此,继续深入挖掘、整理、保护其深厚的非物质文化景象,继承其优秀的文化传统与民族精神是一项艰巨而复杂的系统工程。

同样在文化领域方面,2010 年,胡小明在《独木龙舟的文化解析——体育人类学的实证研究(二)》一文中指出,黔东南苗族的独木龙舟是从竞技到体育变化进程中的活化石,至今仍不具有体育性质,应将其视为一种带有民族特性的巫术仪礼的遗存。

另外,在体质人类学方面,2009 年杨世如在其发表的《苗族独木龙舟竞渡的体质人类学分析》一文中,对黔东南地区清水江及其支流巴拉河流域的 37 个苗族村寨的独木龙舟竞渡的选手进行了体质形态的调查测试,并将其结果与全国成年人、青少年以及国际标准竞技小龙舟运动员的体质调查结果进行了比较分析。比较结果显示,苗族独木龙舟作为一项旨在提高民族凝聚力和延续力的传统习俗,并无体育意识和健身动机,同时因为缺少持续的锻炼,对苗族的身体发育并无显著影响。

综上所述可以得出,截至目前的研究主要是以对苗族龙舟的分布、社会性功能、起源传说、历史、现状报告、祭祀仪式、社会组织、龙舟制作、竞渡的操作技法、规则等方面的研究,以及对龙舟竞渡选手的体制形态调查为主的。而本研究把苗族龙舟竞渡的观光化演变作为研究对象，这一点无疑是迄今为止尚未出现过的原创部分。

表 1-1　与苗族龙舟竞渡相关的现代论文文献一览表

文献	出版年份	论文名	作者名	出　　处
日语论文	1980	稻作民族传承的游戏之文化史考察——以东亚、东南亚地区为中心	寒川恒夫	筑波大学学术博士论文
日语文章	1977	龙神（龙女）传说与龙舟节（1）	君岛久子	《日本民族学博物馆研究报告》，2（1），第34～62页
	1980	龙舟竞渡考——以"武陵竞渡略"为中心	君岛久子	《东南亚·印度的社会与文化》（上），第441～462页
	1980	贵州苗族在清水江上的龙舟竞渡	君岛久子	《中国大陆古文化研究第九、十合并集》，第73～80页
	1986	中国文献中的龙舟竞渡——以方志资料为中心	君岛久子	《日本民族学博物馆研究报告》，11（2），第543～593页
	1988	关于龙船节的考察——以贵州省苗族为例的研究	铃木正崇	《〈围绕汉民族的世界〉调查研究报告》，25，第105～123页
	1990	龙舟竞渡考——中日民俗活动的比较研究	林蚁中	《比较民俗研究》1号，第22～74页
	2006	苗族的龙舟竞渡——从贵州省台江县施洞的田野报告	佐竹绘美	《地域研究》2号，第213～222页
	2010	祭祀与世界观的变迁——中国贵州省苗族的龙船节	铃木正崇	《法学研究》，83（2），第181～254页
中文文章	1961	九歌中的水神与华南的龙舟赛神	文崇一	《民族学研究所集刊》，11，第51～124页
	1988	贵州清水江苗族龙舟节	吴通发	《中华龙舟集刊》，第93～105页
	1990	清水江流域苗族龙舟节	杨学军	《民族论坛》，3，第89～90页
	1996	清水江苗族龙船节来源传说辨析	田军	《贵州民族研究》，66（2），第107～113页
	2000	浅述清水江畔苗族的龙舟文化	钱星	《贵州民族研究》，82（2），第109～113页
	2007	贵州苗族独木龙舟原生态竞渡文化探析	卢塞军	《第八届全国少数民族传统体育运动会暨民族体育科学论文报告会论文集》，第80～86页
	2008	黔东南台江施洞"子母船"在太平洋文化史上的意义	吴春明	《贵州民族研究》，123（5），第157～167页
	2008	舟船史活化石——苗族独木龙舟文化	吴思震	《中国魅力》，7，第74～83页
	2009	黔东南龙舟活动的起源、现状与对策研究	吴萍	《贵州民族研究》，129（5），第63～68页
	2009	苗族独木龙舟竞渡的体质人类学分析	杨世如	《体育科学》，29（7），第78～83页
	2009	苗族独木龙舟文化调查	张红娜	《原生态民族文化学刊》，1（4），第111～116页

续表

文献	出版年份	论文名	作者名	出　处
中文文章	2009	黔东南独木龙舟的田野调查——体育人类学的实证研究	胡小明	《体育学刊》,16(12),第1~8页
	2009	体育人类学田野工作运用实践——苗族独木龙舟竞渡调查方法例证	杨世如	《贵州民族研究》,130(6),第84~88页
	2010	独木龙舟的文化解析——体育人类学的实证研究(二)	胡小明	《体育学刊》,17(1),第1~9页
	2010	苗族独木龙舟原始竞技的体育文化遗产界定	杨世如	《体育学刊》,17(8),第94~97页
	2010	原始礼仪竞技的体育人类学研究——苗族独木龙舟竞技文化调查	杨世如	《贵州民族研究》,135(5),第64~68页
	2011	贵州苗族独木龙舟非物质文化遗产景象追踪研究	卢塞军	《武汉体育学院学报》,45(6),第69~74页
	2011	黔东南苗族独木龙舟节——桡手服饰及文化内涵	于倩	《湖北民族学院学报》,29(4),第61~65页
	2012	苗族独木龙舟竞渡形式美学研究	周华	《贵州民族大学学报》,136(6),第15~18页
	2013	贵州苗族独木龙舟的社会文化人类学考察	代刚	《西安体育学院学报》,134(2),第190~195页
	2013	苗族独木龙舟活动身体技法研究	朱继伟	《贵州师范学院学报》,29(12),第50~52页
	2014	贵州省民族传统节庆体育商业模式的研究——以镇远五月初五端午节赛龙舟及施洞独木龙舟节为例	朱娜	贵州师范大学硕士学位论文

资料来源:笔者编制。

表1-2　与苗族龙舟竞渡相关现代文献一览表(著作、论文集以及研究报告)

文献	作者及出版年份	书名及课题项目	出版者	备注
日文著作	铃木正崇、金丸良子(1985)	中国西南地区的少数民族	古今书院	
	铃木正崇(2012)	苗族历史与文化的动态——中国南部山地民族的想象力变迁	风响社	
中文论文集及课题项目	吉星(1985)	中国民俗传说故事	中国民间文艺出版社	潘光华搜集,龙船节传说由来(苗族)
	张建世(1988)	中国的龙舟与竞渡	华夏出版社	"独木龙舟"这一称谓的最早出处
	李瑞岐、杨培春(1991)	中华龙舟文化研究	贵州民族出版社	论文集编集成书出版
	卢塞军(2008)	非物质文化遗产视角下的苗族独木龙舟文化追踪	国家哲学社会科学基金项目(08XTY007)	研究报告

资料来源:笔者编制。

第二章

调查地概况

　　本书的研究对象是中国贵州省清水江流域的苗族所传承的"龙舟竞渡",其分布在中国贵州省的黔东南苗族侗族自治州清水江流域。故本研究把田野调查分为宏观与微观两个级别;宏观所指的是,对贵州省、黔东南州以及所在县的整体状况进行调查;而微观指的是具体的调查以及研究主体,即清水江流域进行龙舟竞渡的村寨以及当地的苗族。

第一节　贵州省

　　贵州,简称"黔"或"贵",地处中国的西南腹地,位于云贵高原东部,平均海拔1 100米。与重庆、四川、云南、广西诸省相接壤,自古以来一直是西南地区陆路交通的重要枢纽。贵州建省虽然只有500多年,但是从文献资料所显示的信息看来,贵州的历史可以追溯到更早。春秋时期(公元前770—前476年),当时在今天的贵州境内有牂牁古国,此国与中原有往来,秦始皇统一中国以后,分属巴郡、蜀郡、黔中郡和象郡管辖。"贵州"这一名称,始于宋朝(公元960—1127年)。公元974年,土著首领"普贵"①带领其控制的"矩州"②归顺宋朝。因当地土语中"矩"音同"贵",故宋朝开始称"矩州"为"贵州"。宋朝的敕书中记有"惟尔贵州,远在要荒"一语,这是用"贵州"来命名此地区的最早记载。明永乐十一年(公元1413年)设置贵州承宣布政史,正式建制为省,以

---

　　① 普贵,北宋初年矩州以西(今贵州大方一带)人。土著首领。北宋初年,其祖父罗氏入侵矩州(今贵阳市),驱逐当时矩州领主谢氏,毁其城垣,改名黑羊箐,自己则驻扎石人山(今贵阳市白云区)控之,自称"石人部落"。宋太祖开宝七年(公元974年),普贵晋京,以所领矩州之地归顺宋朝廷,宋太祖封普贵为矩州刺史。

　　② 矩州,唐武德四年(621年)置,今贵州贵阳市。辖境相当今贵州省贵阳市及清镇、龙里、修文等市县部分地区。

"贵州"为省名。[①]

贵州省的全年日照时数是 1 200～1 600 小时,年均气温在 14℃～18℃,大部分地区降雨量在 1 100～1 300 毫米,是一个隆起于四川盆地和关西丘陵之间的亚热带高原山地地区。地势西北高东南低。[②] 境内山峦起伏,地貌类型复杂,气候温和,夏无酷暑,冬无严寒,适于人类生存繁衍。乌蒙山脉、大娄山脉、武陵山脉、苗岭山脉纵横于贵州全境。南北盘江、红水河、乌江、舞阳河、清水江、都柳江等珠江及长江水系的各支流奔流于万山丛中。在 17.6 万平方公里的土地面积中,97％为山地与丘陵,故贵州素有"八山一水一分田之地"的说法,是中国境内唯一没有平原支撑的省份。其中岩溶地貌达到 73％,溶洞极多,喀斯特地貌[③]的面积达到 109 084 平方公里,占全省总面积的 61.9％,境内岩溶分布范围广泛,形态类型齐全,地域分布明显,构成一种特殊的岩溶生态系统[④]。

因其特殊的地理位置及其特有的地形地貌,贵州高原在中国历史发展过程中成为古代民族交汇的大走廊和民族集结地。除汉族外,全省有苗族、布依族、侗族等 17 个世居的少数民族,占全省总人口数的 39％。现在,贵州省的管辖范围是贵阳市、遵义市、六盘水市、安顺市、铜仁市、毕节市、黔西南布依族苗族自治州、黔东南苗族侗族自治州和黔南布依族苗族自治州。

第二节　贵州省黔东南州

黔东南因地处贵州省东南部而得名。地跨东经 107°17′20″～109°35′24″,北纬 25°19′20″～27°31′40″,东与湖南怀化地区比邻,南和广西壮族自治区柳州、河池地区接壤,西连黔南布依族苗族自治州,北抵遵义、铜仁两地区。境内东西宽 220 公里,南北长 240 公里,总面积 30 282.34 平方公里。[⑤] 州境雨量充沛,河流纵横,水力资源丰富。境内有大小河流 2 900 多条,以清水江、舞阳河、都柳江为主干,呈树枝状展布于各地。所有河流均分属两个水系,苗岭以北的清水江、舞阳河属长江水系,苗岭以南的都柳江属珠江水系。清水江自西向东流经丹寨、麻江、凯里、黄平、施秉、台江、剑

① 李平凡:《贵州世居民族迁徙史》,贵州人民出版社 2011 年版,第 22～38 页。
② 贵州省地方志编撰委员会:《贵州省志·民族志》,贵州民族出版社 2002 年版,第 1 页。
③ 喀斯特地貌(Karst Landform),是具有溶蚀力的水对可溶性岩石(大多为石灰岩)进行溶蚀等作用所形成的地表和地下形态的总称,又称熔岩地貌。我国云贵高原、湖南南部郴州等地区属于典型的喀斯特地貌。贵州处于世界喀斯特地貌的腹心地带,全省面积的近四分之三属于喀斯特地貌。
④ 贵州省教育厅:《贵州省情教程》,清华大学出版社 2009 年版,第 27 页。
⑤ 黔东南苗族侗族自治州人民政府:《黔东南苗族侗族自治州志》,贵州人民出版社 1991 年版,第 22 页。

河、天柱的九县及市,主要支流有重安江、巴拉河、南哨河、乌下江、八卦河、亮江、鉴江等。①

在春秋以前,黔东南属牂牁国,楚国时期称"黔中地",后分属夜郎国。秦时设"黔中郡",汉时改为"武陵郡"。在隋代属牂牁郡、沅陵郡和始安郡,唐代改"郡"为"道"后,属"黔中道"。元代在民族地区推行"土司制度"②,故黔东南分属四川播州宣慰司、湖广思州宣慰司和新添葛蛮安抚司所管辖。明清时期推行"改土归流"③、"开辟苗疆",废思州宣慰司,分置镇远府、黎平府和新化府等,隶属贵州布政司所管辖。民国初期,改府、厅、州为县;民国十二年(1923年)废道,各县直属于省;④中华人民共和国成立后的1956年,撤销镇远专区,建立黔东南苗族侗族自治州,自治州辖凯里市及丹寨、麻江、黄平、施秉、镇远、岑巩、三穗、天柱、锦屏、黎平、从江、榕江、雷山、台江、剑河15个县。

黔东南2017年户籍人口475.99万人,年末常住人口352.37万人,有苗族、侗族、汉族、布依族、水族、瑶族、壮族、土家族等47个民族,常住人口中少数民族人口占81.1%,其中苗族人口占43.0%,侗族人口占30.4%。⑤唐宋以前,黔东南是苗、侗等少数民族的聚居之地,他们是最早开发了这块土地的民族。自明代起,大批汉族移民及屯军进入黔东南,他们与当地的少数民族长期杂居,在经济、文化上相互交流、影响,后经历战争和朝代的更替,形成了今天的以苗族、侗族为主体的多民族地区。

---

① 黔东南苗族侗族自治州人民政府:《黔东南苗族侗族自治州志》,贵州人民出版社1991年版,第22页。

② 土司是中国边疆的官职,元朝始置,用于封授给西北、西南地区的少数民族部族头目。土司制度是统治阶级用来解决西南少数民族地区的民族政策,其义在于羁縻勿绝(笼络藩属),仍效仿唐代的"羁縻制度"。政治上巩固其统治,经济上让原来的生产方式维持下去,满足于征收纳贡。

③ 中国清代雍正年间在西南一些少数民族地区废除土司制,实行流官制的政治改革。为了解决土司割据的积弊,雍正四年(1726年),云贵总督鄂尔泰建议取消土司世袭制度,设立府、厅、州、县,派遣有一定任期的流官进行管理。雍正帝对此甚为赞赏,令其悉心办理。六年,又命贵州按察使张广泗在黔东南推行改土归流政策。在设立府县的同时,添设军事机构。清政府在改土归流地区清查户口,丈量土地,征收赋税,建城池,设学校;同时废除原来土司的赋役制度,与内地一样,按地亩征税,数额一般少于内地,云南、贵州改土归流的目标,到雍正九年基本实现。

④ 参见黔东南州人民政府网站:《黔东南概况》,http://www.qdn.gov.cn/info/4111/18141.htm,下载日期:2018年11月14日。

⑤ 参见黔东南州人民政府网站:《黔东南概况》,http://www.qdn.gov.cn/info/4111/18141.htm,下载日期:2018年11月14日。

第三节　施秉县及台江县

一、施秉县

施秉县地处贵州省东部、黔东南苗族侗族自治州西北部,位于东经 107°52′37″至 108°28′47″、北纬 26°46′46″至 27°20′16″之间。东与镇远,东南与剑河,南与台江,西与黄平,西北与余庆,北与石阡等县接壤。县城西南距省会贵阳 230 公里,南距州府凯里 111 公里。全县南北长 62 公里,东西宽 60 公里,总面积 1543.8 平方公里。[①] 全县辖 4 乡 4 镇 64 个行政村及 10 个社区,居住汉、苗等 19 个民族,总人口 16.9 万人,少数民族占总人口的 55.5%。[②]

清水江位于施秉县南面,是施秉和台江两县的天然分界线。清水江自黄平西进,流经双井、马号、六合等乡、镇南部,东出剑河县境,境内流程约四十公里,河面最宽处为 125 米,最深处为 15 米,是当地重要的水上交通线。施秉县所辖苗族大部分定居在清水江北岸,与南岸台江县施洞镇所辖苗族互通有无,同宗同源。

据清代《苗疆闻见录》记载:"胜秉,即施秉旧县地,在清水江北岸,距施洞口七里,今为施秉县丞分驻之地。雍正十年,台拱苗渡江焚旧施秉县即此。土人呼为老县,为苗夷互市处,月以三七[③]相递,每岁七十二市。"[④]据《施秉县志》(风俗·龙舟竞渡)记载:"县城及胜秉分县城,以五月五日,平寨铜鼓塘、各苗寨,以五月二十四、二十五、二十六等日,船用长木刳成,首尾具备,施以彩色,荡漾波心,蜿蜒有势,颇足观赏。居人是日,用箬叶裹米制成,多角形者曰'羊角棱',长者曰'枕头棱',食之曰'解棱',有宴会必备,红苋菜一盏,以啖宾。"[⑤]

胜秉即是施秉县老县城的旧址,与台江县施洞的平兆隔岸相望,据调查最早定在五月初五进行龙舟竞渡的便是在胜秉。清朝雍正十年,"改土归流"导致战乱,胜秉被毁,故平兆代替胜秉,开始在五月初五进行竞渡。现今,在五月初五进行竞渡的只有平兆,而其他地区,包括施秉县的新县城双井镇所辖平寨、铜鼓塘、鲤鱼塘、寨胆等沿江村寨,以及马号乡平地营、六合乡冰洞、溪口、料洞等大小十余沿江村寨则是在五月二十四、二十五、二十六进行龙舟竞渡。

---

① 贵州省施秉县地方志编纂委员会编:《施秉县志》,方志出版社 1997 年版,第 7 页。

② 参见施秉县人民政府官网:《施秉县概况》,http://www.qdnsb.gov.cn/info/18568/226298.htm,下载日期:2015 年 2 月 27 日。

③ 每逢初三初七。

④ (清)徐家干著、吴一文校注:《苗疆闻见录》,贵州人民出版社 1997 年版,第 72 页。

⑤ (民国)朱嗣元编:《施秉县志》,贵州省图书馆复制油印(1965 年),原本为民国九年(1920 年)稿本二卷。

二、台江县

台江县位于今黔东南苗族侗族自治州中部,苗岭主峰雷公山北麓,清水江中游南岸。境内群山起伏,层峦叠嶂,在清代及民国初期,曾是"苍山莽莽,箐深林密"。其地理位置在北纬 26°24′~26°53′,东经 108°03′~108°31′之间。东南与剑河交界,西南与雷山相连,西邻凯里,北与黄平、施秉毗邻。南北长 50.4 公里,东西宽 36.7 公里,全县总面积为 1 206 平方公里。①

台江县地处贵州高原东部向湘西丘陵过渡的斜坡地带,总体地势由西南向东北陡降。清水江环绕县境北端,与南端施秉县呈隔岸相望之势。巴拉河、翁你河、翁密河自南向北,向东流淌,注入清水江,水资源尤为丰富。全县有近百条溪河把大地切割形成中山、低中山、中低山和低山山地,群山葱绿,林木苍翠。坡度由西南边缘掌水坪高峰的 1 980 米,降至东北部的清水江峡谷老虎跳江面的 455 米,相对高差 1 525米,诸山陡峭壁立,地势险峻。境内属于北亚热带季风气候,气候温和,雨量充沛,冬无严寒,夏无酷暑,土壤肥沃,物产丰富。此地至今仍是青山绿水,且盛产松杉,为贵州的林区县之一。

台江原名台拱,在中国县级建制中开辟较晚,历代史志称为"九股(鼓)"。直到清代雍正十一年(1733 年)始建台拱厅,之后台江苗族自给自足的自然经济社会,才开始为外界所知。据清代《苗疆闻见录》记载:"台拱厅,为镇远同知分驻之所。雍正间苗平,设以控制苗夷者。在府治南百二十里。厅西北九股河,一曰小江,自丹江流入,下注清水江。沿河以居者曰九股苗,曰横披苗,统呼之曰黑苗,最称犷悍。"②民国二年(1913 年)改厅为县,民国三十年(1941 年)贵州调整行政区域,改名台江县至今。台江在开辟苗疆之前,有 400 余寨,据《台江县志》记载:"大寨千户,中寨数百户,小寨数十户,人烟稠密。"从明代开始,汉人从省内的镇远、施秉、邛水(今三穗县)和省外的湘(湖南)、桂(广西)、川(四川)、赣(江西)各省进入台江,为军为仕为工为农为商贾,定居于营汛屯堡及水陆通衢的施洞、革东、南宫、平兆等集市,纯一的苗族成分开始改变。清代乾隆、嘉庆皇帝时期,边邻州县的侗、瑶、水等民族,零星地进入北部、中部或南部村落,与苗族杂居。自此以后,外来民族经过通婚联姻,大部分融合于苗族。现今,据全国第六次人口普查数据显示,台江总人口有16.72万人,其中苗族人口占总人口的 97%以上。③

据调查,现今台江县境内进行龙舟竞渡的村寨属地自清水江上游施洞所辖南哨起,经四新、旧州、八埂、天堂、柏梓坪、方寨、塘龙、偏寨、石家寨、杨家寨,到下游的平

---

① 台江县地方志编纂委员会:《台江县志》,贵州人民出版社 1994 年版,第 27 页。

② (清)徐家干著、吴一文校注:《苗疆闻见录》,贵州人民出版社 1997 年版,第 38~39 页。

③ 参见台江县人民政府官网:《台江县概况》,http://www.gztaijiang.gov.cn/pages/neiye.aspx?fenlei=872,下载日期:2015 年 2 月 27 日。

兆,以及流经台江县老屯乡、有施洞镇的巴拉河汇入清水江的入河口沿河十几公里的各苗寨,有施洞所辖巴拉河、平敏,老屯乡所辖白土、容山、老屯、稿仰、长滩等。

第四节　"施洞口"和清水江龙舟竞渡分布状况

施洞位于黔东南苗族侗族自治州台江县北境,过去称"施洞口",苗语发音为"展响"(Zangx Xangx),是清水江边的一个苗族市集。这里的海拔同台江县城差不多,约700米左右。气候温和、雨量适宜、灌溉便易、土地肥沃,适合农作物生长,主要种植水稻。据清代《苗疆闻见录》记载:"施洞口,在镇远府南六十里,台拱辖境。后倚高山,前临清水江,中饶平衍,周数里。八埂倚其西,偏寨附其东,沙湾、岩脚、巴团、平地营蔽其前,九股河依其后,向为苗疆一大市会,人烟繁杂,设黄施卫千总驻之。"[1]施洞在清代设石硐汛,民国年间设友驻镇。1953年建施洞、偏寨、平兆等7个乡。1984年,这7个乡并为施洞镇平兆、良田3个乡,1991年3个乡又合并为施洞镇。施洞镇下辖施洞街居民委员会(塘坝)及偏寨、小河、巴拉河、杨家沟等21个村委会、97个村民小组,共有4 401户。现今全镇行政面积108平方公里,耕地面积为23 037亩。

清水江是沅江的主源。发源于贵州省都匀市谷江乡西北,在都匀称剑江,都匀以下称马尾河,至岔河口汇入重安江后始称清水江,至湖南黔城汇入舞阳河后称沅江。干流全长459公里,主要流经都匀市、麻江县、凯里市、台江县、剑河县、锦屏县等地,在天柱县流出省境。流域面积17 145平方公里,包括黔东南州、黔南州的16个县(市)。其流域面积在1 000平方公里以上的主要支流有重安江、巴拉河、巫密河、六洞河、亮江。[2] 早在中华人民共和国成立前,施洞地区沿江村寨的苗族青壮年男人,绝大多数都以舟楫运输为副业,也有一些贫寒人家的青壮年男人以专为船主撑船为生。一些较为富裕的,多自置木船从事商品运输,他们常为商人运出土特产至沅江,并顺便自买一些日用工业品运回出售。所以这里的经济很早就比较繁荣,当地人家的生活也比较富裕。

综合本节所述,从施秉和台江两县的历史沿革来看,可以说施洞地区自古以来就是苗族的一大聚居地,而且过去被统称为"施洞口",范围沿清水江两岸从施秉县的平寨起,下到料洞,又从巴拉河口起溯河而上至老屯。此外,根据笔者的调查结果,此范围正好属于龙舟竞渡的实施区域。经统计,清水江和巴拉河两岸的苗族村寨,多数都备有龙舟,几十户的村寨拥有一只龙舟,百户以上的村寨则一般有两只或三只。现今一共有三十多个村寨拥有龙舟,而且在近二十年内进行过龙舟竞渡(见表2-1),故此

---

① (清)徐家干著、吴一文校注:《苗疆闻见录》,贵州人民出版社1997年版,第75页。

② 参见贵州省档案馆网站:《清水江概况》,http://www.gzdaxx.gov.cn/gzdaxx/dcgz/ftrq/2011-06-01/5723.html,下载日期:2013年11月14日。

范围正是本研究进行田野调查的具体所在(区域分布如表2-1)。

表 2-1 清水江流域苗族龙舟竞渡村寨一览表

村　名	苗语名	所属乡镇	所属县	所属河流	备　注
南哨	Nangl Hxek	施洞镇 (Zangx Xangx)	台江县	清水江 (Ongb Hniangb)	苗寨(坐落于翁哨沟下游,因沟得名)
四新	Hsait Hxenb	施洞镇 (Zangx Xangx)	台江县	清水江 (Ongb Hniangb)	苗寨
旧州	Vangl Dad	施洞镇 (Zangx Xangx)	台江县	清水江 (Ongb Hniangb)	苗寨
八埂	Nangl Gangd	施洞镇 (Zangx Xangx)	台江县	清水江 (Ongb Hniangb)	苗寨(音同"南杠")
天堂	Tinb Dangx	施洞镇 (Zangx Xangx)	台江县	清水江 (Ongb Hniangb)	苗寨
柏梓坪	Liux Sax	施洞镇 (Zangx Xangx)	台江县	清水江 (Ongb Hniangb)	苗寨(因树得名,柳支)
方寨	Liux Diangx	施洞镇 (Zangx Xangx)	台江县	清水江 (Ongb Hniangb)	苗寨(从麻栗乡的方陇塘迁入,柳支)
塘坝		施洞镇 (Zangx Xangx)	台江县		
塘龙	Dangx vongx	施洞镇 (Zangx Xangx)	台江县	清水江 (Ongb Hniangb)	苗寨(寨名意为"龙船聚集之地")
偏寨	Vangl Dliab	施洞镇 (Zangx Xangx)	台江县	清水江 (Ongb Hniangb)	苗寨(希支)
石家寨	Gud xenl	施洞镇 (Zangx Xangx)	台江县	清水江 (Ongb Hniangb)	苗寨(勾支)
杨家寨	Nangl Hlinb	施洞镇 (Zangx Xangx)	台江县	清水江 (Ongb Hniangb)	苗寨(杨姓)
平兆	Nangl xos	施洞镇 (Zangx Xangx)	台江县	清水江下游	苗、汉杂居(五月初五划龙舟)
巴拉河	Nangl Hvab	施洞镇 (Zangx Xangx)	台江县	巴拉河 (Ongb Hvab)	苗寨(因河得名,巴拉河又称"小河")
平敏	Zangx Nenl	施洞镇 (Zangx Xangx)	台江县	巴拉河 (Ongb Hvab)	苗寨(属小河村)
白土	Ghab wangx bod ted	老屯乡 (Ghad Denx)	台江县	巴拉河 (Ongb Hvab)	苗寨
容山	Ghab Dlongx	老屯乡 (Ghad Denx)	台江县	巴拉河 (Ongb Hvab)	苗寨(寨名意为"聋木树下的地方")

续表

村　名	苗语名	所属乡镇	所属县	所属河流	备　注
老屯	Ghad Denx	老屯乡 （Ghad Denx）	台江县	巴拉河 （Ongb Hvab）	苗寨（清代军队曾在此地屯兵）
稿仰	Gangd Niangd Vangl	老屯乡 （Ghad Denx）	台江县	巴拉河 （Ongb Hvab）	苗寨（分上、下两个寨）
长滩	Zangx Tangb	老屯乡 （Ghad Denx）	台江县	巴拉河 （Ongb Hvab）	苗寨
平寨	Sangx Eb	双井镇 （新县城 Diub Yis）	施秉县	清水江	苗、汉杂居
寨胆	Khat Liux	双井镇 （新县城 Diub Yis）	施秉县	清水江	苗寨（柳支）
鲤鱼塘	Khat Paot	双井镇 （新县城 Diub Yis）	施秉县	清水江	苗寨
铜鼓塘	无	双井镇 （新县城 Diub Yis）	施秉县	清水江	苗寨
平地营	Bax Lox	马号乡	施秉县	清水江	苗寨
大冲	Xenb Xas	马号乡	施秉县	清水江	苗寨（2015 竞渡名单）
胜秉	Nangl Dliangl	马号乡	施秉县	清水江	苗、汉杂居（老县城）
冰洞	Nangl Dongb	六合乡	施秉县	清水江	苗寨
溪口	Nangl Ongb	六合乡	施秉县	清水江	苗寨（因溪口河得名，与八埂溪下寨同属一村，2015 年竞渡名单）
料洞 （分上、中、下三个寨）	上寨 （Yangl Beel）、 下寨 （Yangl Nangl）	六合乡	施秉县	清水江	苗、汉杂居（位于清水江下游，最后一个划龙舟的村寨）

资料来源：笔者编制。

第三章

调查地苗族的概况

第一节　中国的苗族

苗族是中国最古老的民族之一,有着悠久的历史和深厚的文化积淀。但因其族群支系繁多,且在较长历史迁徙过程中造成的文字消亡等原因,致使包括苗族的起源等在内的历史问题,仅能参考以汉族为中心的其他民族的历史典籍记载以及口口相传的苗族古歌与传说来寻析。

一、苗族的起源及称呼

苗族是以"蚩尤"为首的"九黎"氏族的后代这一起源的说法,是现今"苗学"领域比较主流的观点。同一时期,与"九黎"氏族相对立的两个氏族分别是"轩辕"和"神农",也就是"炎、黄二帝""华夏"族的祖先。在距今约五千年前,苗族的原始氏族部落集团"九黎"居住于黄河中下游地区,与居住在黄河中上游地区的"神农""轩辕"两氏族成鼎立态势。起先轩辕氏族首领"黄帝"与神农氏族首领"炎帝"率领各自氏族发动了阪泉之战,结果神农氏族战败,遂合并于轩辕氏族,组成了炎黄部落联盟。此时黄帝势力强盛,但九黎氏族首领"蚩尤"并不因势顺从。《史记·黄帝本纪》中记载"蚩尤作乱,不用帝命"[①],于是,"黄帝乃征师诸侯,与蚩尤战于逐鹿之野,遂杀蚩尤"[②]。在这场原始社会末期发生的空前规模的部落大战中,九黎氏族战败,首领蚩尤被杀,其中少数部落归顺于炎黄氏族部落,而不愿归顺的部落则被逐出黄河流域,并不断向南迁徙。

与唐尧、虞舜、夏禹同一时期的苗族先民则被称为"三苗",亦称"有苗",简称为"苗"。《史记·五帝本纪》中记载:"帝尧老,命舜摄行天子之政,以观天命……三苗在

---

① (汉)司马迁:《史记·五帝本纪》卷一。
② (汉)司马迁:《史记·五帝本纪》卷一。

江淮、荆州数为乱。"①郭璞曾注曰，苗民"三苗"之"三"，有如"九黎"之"九"，都是指其氏族众多，并非实数。②《国语·楚语》中记载："其后，三苗复九黎之德……三苗，九黎之后也"③。"三苗"因地处南方，故又有"南蛮"之称。④

在商周时期，已无"三苗"之称，全被"南蛮"所取代，而这一时期苗族的核心和主体又被称为"荆蛮"或"荆楚"，简称为"荆"。到了先秦时期，位居中原的华夏按方位定其周边少数民族族称，如《管子·匡君小匡》所记载的"东夷、西戎、南蛮、北狄"⑤等名称。而在东周、春秋及战国时期，以"荆蛮"为主的楚国所属势力最大，是始终能与各时期霸主相抗衡的唯一地方民族政权。在与邻邦五个半世纪的或战或和的频繁交往中，楚国境内的大部分"南蛮"与华夏各族逐渐融合，只有西部武陵山脉一带的部分"南蛮"未与中原文化直接接触，而得以保留着原有的传统文化，故后来被称为"武陵蛮"。因其地的主要河道为沅水，支流有五条，故又被称作"五溪蛮"。因此，"九黎""三苗""荆蛮""武陵蛮"等均是在不同历史时期对苗族先民的称谓。

苗族历经很多战争，夏商周历代以来各王朝对苗族的战争不断，苗族迁徙的范围很广，其生存的自然环境和社会环境异常复杂，因而导致苗族中的支系特别繁多。在唐宋及其以后的时代，随着社会经济的发展和人口的繁盛，各代中央王朝与苗族的交往日渐频繁，对苗族的认识也有所加深，于是"苗"得以从若干少数民族的通称"蛮"中脱离出来，作为单一民族的族称重现于文献之中。如唐代樊绰著的《蛮书》卷十中有"黔、泾、巴、夏，四邑苗众"⑥的记录。宋代朱辅著的《溪蛮丛笑》中有"五溪之蛮……今有五：曰苗，曰徭，曰僚，曰仡伶，曰仡佬"⑦的记录。

苗族的族称主要可以分为三类：

一是按封建王朝对地区的统治程度将苗族分为"生苗"和"熟苗"。明代郭子章的《黔记》卷五九载："近省界为熟苗，输租服役，稍同良家，则官司籍其户口息耗登于天府。不与是籍音者谓生苗。"⑧清代方亨咸的《苗俗纪闻》载："苗有生熟之异。生者匿深箐不敢出，无从见；熟者服力役、纳田租，与内地汉人大同小异。"⑨民国《贵州通志·土民志》载："苗有土司者为熟苗，无管者为生苗。"⑩即将地处边远山区、远离城镇交通沿线，既无官府治理，又无土司管辖的苗族称为"生苗"；将分布在城镇及交通沿线附近、

① （汉）司马迁：《史记·五帝本纪》卷一。
② （晋）郭璞：《山海经校注》。
③ （春秋）左丘明：《国语·楚语》上。
④ 鸟居龙藏：《苗族调查报告》，贵州大学出版社 2009 年版，第 3～6 页。
⑤ （春秋）管仲：《管子·匡君小匡》。
⑥ （唐）樊绰：《蛮书》卷十。
⑦ （宋）朱辅：《溪蛮丛笑》。
⑧ （明）郭子章：《黔记》卷五十九。
⑨ 《小方壶斋舆地丛钞》第八轶。
⑩ （清）爱必达：《黔南识略》卷六。

与汉民错杂而居,有官府治理,或有土司管辖的苗族则称为"熟苗"。

二是按苗族内部对本民族整体及民族内属于某一支系的自我称谓。今天多数地区的苗族自称 Hmub(谐音:牡)、Hmongb(谐音:蒙)、Hmaob(谐音:摸)、Maob(谐音:毛),湘西方言地区自称 Ghab Nus(谐音:嘎脑)、Ghab Xongb(谐音:仡熊)、Deb Songb(谐音:带叟)等。苗族内部支系的自称有"仡雄"(红苗),"蒙豆"(白苗),"蒙我""蒙抓"(青苗、箐苗),"蒙培""蒙周"(花苗),"蒙撒"(汉苗、歪梳苗),"冒江"(海贝苗),"敢闹"(短裙苗),"迷蒙憋"(小花苗),"蒙冄"(长角苗),"蒙恰"(短角苗)等等。

三是按其他民族对苗族的称呼。如布依族称之为"布尤",仡佬族称之为"布爷",水族称之为"缪",彝族称之为"妈吼",汉族称之为"苗"等等。尤以汉族对苗族的称谓最为复杂,主要表现为对苗族支系的称谓繁多。这些称呼可分为两类:一类是根据苗族服饰的基色不同,或是头饰的造型、住地地形以及方位之差异、从业的特点及民族关系而分别称之为"红苗""黑苗""白苗""青苗""花苗""四印苗""喇叭苗""牛角苗""歪梳苗""九股苗""清江苗""高坡苗""箐苗""坝苗""东苗""西苗""川苗""打铁苗""汉苗"等等;另一类则属于对贵州境内各少数民族的泛称,即将其他少数民族都冠以"苗"名。如"侗苗""水家苗""仲家苗""仡佬苗""倮倮苗"等,实际并非苗族,而分别是侗族、水族、布依族、仡佬族和彝族。

在之后的历史长河里,苗族先民继续不断向南迁徙。郭子章在其《黔记·诸夷》中写道,"苗人,古三苗之后裔也。自长沙、沅辰以南,尽夜郎之境,往往有之"。[①] 现今苗族中的大部分定居在中国西南地区的大山之中,主要分布在现今贵州省东南部、湖南省西部以及云南省的东部。中华人民共和国成立后统称为苗族,英文写作:MIAO 或 HMONG。

二、苗族的人口及分布

根据中国第六次全国人口普查数据(2010)显示,苗族人口总数有 9 426 007 人,在中国 55 个少数民族排第五位(不包括汉族),而贵州省的苗族人口数约占中国苗族人口总数的 42.1%。[②] 从中国苗族的分布情况看,其特点是大散居、小聚居。从人数上看,聚居的人多,散居的人少。中华人民共和国成立后,实行了少数民族地方自治政策,划分出来苗族自治行政区有 6 个自治州、22 个自治县。

而本研究的对象——贵州省黔东南州的台江县的苗族人口的比例则高达 97% 左右,是世界上苗族聚居最集中的地区,被称作"苗疆腹地"。

---

① (明)郭子章:《黔记》卷五十九。
② 资料来自 2010 年中国第六次全国人口普查数据。

图 3-1　黑苗生活图

资料来源:李德龙:《黔南苗蛮图说》,中央民族大学出版社 2008 年版,第 127～163 页。

图 3-2　黑苗生活图

资料来源:李德龙:《黔南苗蛮图说》,中央民族大学出版社 2008 年版,第 127～163 页。

图 3-3　清江黑苗图

资料来源:李德龙:《黔南苗蛮图说》,中央民族大学出版社 2008 年版,第 127～163 页。

图 3-4　九股苗狩猎图

资料来源:李德龙:《黔南苗蛮图说》,中央民族大学出版社 2008 年版,第 127～163 页。

表 3-1　苗族人口各省(自治区、直辖市)分布情况

省、自治区、直辖市	苗族人口(人)	排名
贵　州	3 968 400	1
湖　南	2 060 426	2
云　南	120 2705	3
重　庆	482 714	4
广　西	475 492	5
浙　江	309 064	6
广　东	251 970	7
湖　北	177 490	8
四　川	164 642	9
福　建	88 017	10
海　南	74 482	11
江　苏	49 535	12
上　海	31 351	13
安　徽	13 856	14
北　京	12 957	15
河　北	9 703	16
江　西	9 125	17
山　东	8 414	18
新　疆	7 626	19
河　南	4 321	20
辽　宁	3 952	21
天　津	3 751	22
内蒙古	3 349	23
陕　西	2 787	24
黑龙江	2 575	25
山　西	2 205	26
吉　林	1 446	27
甘　肃	1 212	28
宁　夏	1 113	29
青　海	911	30
西　藏	416	31
合　计	9 426 007	——

资料来源:由笔者根据2010年中国第六次全国人口普查的数据编制而成。

从族源和族称就可判断,苗族不是单一的民族,其中的种类和支系繁多。苗族语言属汉藏语系苗瑶语族苗语支。20世纪50年代初,中国科学院少数民族语言调查第二工作队经过实地考察,针对各地苗语"构词大致相同但语音不同"的特点进行科学研究后,将苗语划分为三大方言,即:湘西方言、黔东方言、川黔滇方言(又称东部方言、中部方言、西部方言),以及七个次方言和十八种土语。

第二节　调查地苗族的历史和文化

一、历史

这里的调查地苗族指的是由台江、施秉两县所辖,以台江县施洞镇的塘龙寨为中心,沿清水江流域上游的施秉县双井镇的平寨,至下游的施秉县六合乡的料洞的广泛区域,以及台江县境内巴拉河汇入清水江口的上游10公里流域内的苗族(分布区域如图3-5所示)。而居住于此地的苗族的族源和族系又与黔东南境内苗族的迁徙与分迁①息息相关。

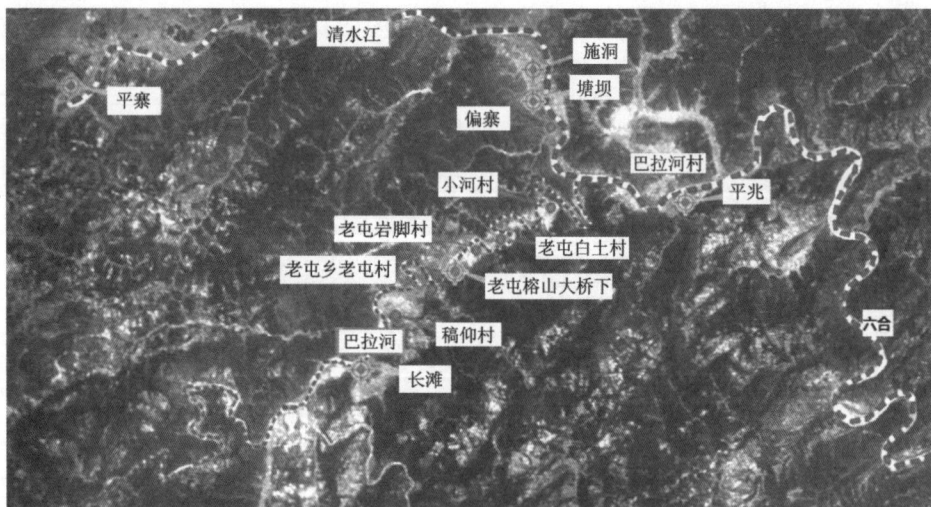

图3-5　清水江流域苗族龙舟竞渡村寨分布图

资料来源:普晶建设开发公司:《施洞苗文化旅行综合体建设开发规划》,2013年,参考编制而成。

黔东南的住民以苗族为主,此外还有布依族、侗族、水族、汉族和仡佬族等。这里所说的苗族,从服饰上判断大部分都是黑苗,其服饰尚黑,但各县之间往往因地域和服饰的颜色的差异导致其名称也有所不同,但实际上都是黑苗的一种。从语言角度

---

①　分支迁徙。

分类,此地的黑苗同属中部方言,且有苗族古歌记载此地中部方言的苗族是从湘西南、桂西北等地所迁入的。

广泛流传于清水江流域的《苗族古歌·溯河西迁》[①]载:

爹娘原来住哪里?　　他们住在这样的地方:
大地连水两茫茫,　　波光潋滟接蓝天。
处处平得像席子,　　像盖粮仓的坝子。
爹妈原来住在东方,　穿的什么衣?
吃的什么饭?　　吃的清明菜,
穿的笋壳片;　　老葛根当做饭,
崖藤叶做衣裳。　　……
这样吃呵饿得慌,　　这样穿呵烂得快。

黔东南苗族的祖先们原是住在东方水乡泽国的平原上,却过着吃野菜、穿树叶的贫困生活。这是由于当时的祖先们是按氏族的血缘关系聚集住在一起的,而人口日益繁衍,有限的生产方式及生产资料已满足不了人口不断增长的需求。对此,《古歌》[②]的说明如下。

一窝难容许多鸟,　　一处难住众爹娘。
火坑挨火坑烧饭,　　脚板摞脚板舂粮。
房屋盖间像蜂窝,　　锅子鼎罐都挤破。

为了改变这种人多地窄拥挤不堪、难以维生的现状,有识的先祖们聚在一起商量,劝告父母、动员同辈:

儿子劝告父亲说:　　"收拾钢钎吧!"
嫂子劝告小姑说:　　"收拾纺针吧!"
快来商量往西迁,　　西方去找好生活。

东方地邻内地、人烟稠密,难于发展,而西方地广人稀,易于生存。他们认为:

西方山山产水果,　　西方坝坝出稻谷,
……　　　米饭糯得像糍粑团,
……　　　要向西方求饱暖。

大家商量之后,决定群体性地向西方迁移。这支西迁的苗族迁移到贵州,其最早的落脚点则是榕江。据剑河县久仰乡摆尾村一带流传的《古歌》[③]说:

---

①　马学良、金旦译注:《苗族史诗》,中国民间文艺出版社1983年版,第127页。
②　马学良、金旦译注:《苗族史诗》,中国民间文艺出版社1983年版,第127页。
③　杨村、文玉深:《乡土剑河》,贵州人民出版社2008年版,第22~26页。

来到方长协，	来到洋岔利，
集全鼓，祭一届，	集全族，祭五届，
讲秧讲，当鼓头，	送秧送，为鼓首。

（笔者注：祭祀每 13 年举办一次，13 年乘以 5，由此推断他们移居至此已有 65 年之久）。

"方长协"和"洋岔利"所指的是现今的榕江和都柳江两岸，苗语称榕江为"方协"。他们在榕江住了一段时间之后，才迁到"党故""松计"：

来到党故坳，	松计是祖地。
里面五层踩（鼓），	外面六层看。

"党故坳"即"党故"，指的是剑河县太拥镇九脸村北面约 300 米处的一座圆形土丘。"松计"为剑河县久仪乡另甲村与南哨乡白素村之间道路旁的一片坡地，面积约有 4 亩，俗称"九股土"。"党故""松计"两地相距约半里路，人们通常将两地合称为"党故松计"。而此处被当地黑苗认为是迁入贵州后最早定居之处，故被称为"老寨"。大家在"党故松计"定居下来后，人口日益繁衍，在生产、生活方面出现诸多不便与混乱：

老寨人口多，	高山没田开。
鱼多没漕容，	人多没处住。
舂米互相推，	烧柴供不上。
抢水井挑水，	抢地方休息，
扛扁担相追，	持柴棒相打，
过去千家寨，	七百寨人家。
踩鼓踩芦笙，	踩坏长生棉。
长生发了怒，	大家也伤心。
……	
从前九祖先，	九祖生我们。
大家出主意，	好好来商量。
杀牛来议事，	商量分处坐。
哪个栽石头，	栽在南西山。
老头栽石头，	栽在南西山。
……	
分居九地方，	分居九条河。
西支迁九十，	方支迁七十，
三十（柳支）去水边。	……

在九位祖公的共同主持下，于"松计"杀牛祭祖，举行"议榔"（苗族的会议），作出分散居住的决议。于"党故"的圆形土丘上栽 9 根长条石，除两根与地面垂直外，皆向不同方向倾斜。每根石条代表一个宗支（氏族），石条倾斜的指向表示该宗支迁往的方向，与地面垂直的石条，则表示该宗支仍留居"老寨"——"党故松计"。现今依旧把

南东寨屋背坡称为"九股祭祖山",把南甲寨屋背坡称为"九股祭祖土",把九脸村北的一丘大田(约 2 亩)称为"九股祭祖田",又叫"午饭田"。在南西山("党故"的圆形土丘)栽的九块约高三尺的石柱为分迁的纪念,至今仍留有痕迹(图 3-6)。黔东南的苗族大多是聚居于"党故松计"的九个氏族在"议榔"后定向分散而居的,故被称为"九股苗",又因其服色为黑,也被统称为"黑苗"。分迁的时间根据子父连名制计算,从江反排苗族迁往反排已有 47 代,台江南宫苗族已住 45 代,由此推算时间大约距今 1300～1500 年前,也就是隋唐时期。

图 3-6　剑河县"党故松计"苗族分迁遗址

资料来源:中国民族宗教网的官方网站,http://www.mzb.com.cn/html/Home/report/407126 移居-1.html,下载日期:2016 年 1 月 27 日。

杀牛祭祖分迁后的内容在《苗族古歌·溯河西迁》中也有记载:

> 方和福去哪里?　　希和涅去何处?
> 方和福去交密,　　希和涅去方祥。
> 德诺留在老地方,　　他同祖公住。
> 还剩你家爷爷我家公,　　脚跟脚同上一个山,
> 步随步同下一个坡,　　一同来到方尼地方。

上述资料中的"方"(Fangx 或 fangs)、"福"(Ful)、"希(或西)"(Dlib 或 Dliab)、"涅"(Niel)、"德诺"(Dail Nes)等氏族,后来经过不断发展形成了不同的支系。另外还有"恭(或勾)"(Gud)、"柳"(Liux)、"尤"(Yel)、"打"(Dax)等支系都在其他古歌中有所提及,并广泛分布在黔东南地区。[①]

[①]　吴一文、覃东平:《苗族古歌与苗族历史文化研究》,贵州民族出版社 2000 年版,第 116 页。

此外,据民国时期《贵州苗夷社会研究》记载:"清水江流经台拱县(台江县)的东区,全县人口三万余,苗多汉少,而无夷人(仡佬),苗占百分之九十以上,只单一种黑苗,又名九股苗(如图),性格强悍,分布很广,尤在八梗、塘龙、施洞口等处最为集中。"[①]而根据古歌记载,分迁后,"西(或希)"(Dlib 或Dliab)、"方"(Fangx 或 Fangs)、"柳"(Liux)三个氏族迁往不同的地区,"柳"氏族分十一支迁往清水江两岸;"方"的一支迁往了今施秉县六合乡的廖洞。[②]"西"和"方"为同宗支系,"西"的其中一支迁往了今台江县施洞镇的偏寨(Vangl Dliab),由于"希"数量甚多,分布较广,故苗语中有"jex jangd Dlib"之说,意为"九股希";"勾(或恭)"(Gud)也是黔东南较大的支系,其中一支迁往了台江县的施洞和塘龙。[③]现今调查地仍保留有氏族和部落的称谓,部落称谓有"方""黎""嘎闹"等,氏族称谓有"柳"(Liux)、"勾"(Gud)、"勒"、"向"等。

图 3-7 《百苗图》中的"九股苗"
资料来源:贵州图书馆。

但另一方面,田野调查的结果显示,在部分村寨苗族和汉族的婚姻关系是被承认的,故苗族氏族血缘已有混杂出现。其中,如现今施洞镇芳寨村(苗语称为"Liux Di-angx")和柏枝坪村(苗语称为"Liux Sax"),其氏族都属"柳"(Liux),因"柳"(Liux)与"刘"同音,所以其与汉族结婚后都自称姓"刘",而非"柳",故全村村民汉姓姓氏均称"刘"。通过访谈后得知,"刘"姓当中除明清时期兴起户籍制度后以苗语"柳"姓(Liux)取同音"刘"姓为姓氏之外,也有部分自江西、湘西等地迁来的汉民也姓"刘"。又据《苗疆闻见录》中记载,"其地有汉民变苗者,大约多江楚之人。愍迁熟习,渐结亲串,日久相沿,侵成异俗,清江南北岸皆有之,所称'熟苗',半多此类。"[④]考虑到调查地的地理位置("施洞口"),以及迁徙、朝代更替、战争等因素使得当地苗族与汉族之间交往频繁,"汉"变"苗"的说法成立。

二、社会形态

氏族即以血缘关系结成的原始社会的基本经济单位,苗族和其他民族一样,在社会发展中经历了母系氏族社会和父系氏族社会,氏族内部禁婚,生产资料共有。苗族

---

① 吴泽霖、陈国钧:《贵州苗夷社会研究》,民族出版社 1940 年版,第 84 页。

② 李平凡:《贵州世居民族迁徙史》,贵州人民出版社 2011 年版,第 160 页。

③ 吴一文、覃东平:《苗族古歌与苗族历史文化研究》,贵州民族出版社 2000 年版,第 120~127 页。

④ (清)徐家干著、吴一文校注:《苗疆闻见录》,贵州人民出版社 1997 年版,第 163 页。

部落中母系氏族最明显的残余是"舅权制"①,这一残余在苗族地区至今仍普遍存在。例如出嫁的妇女死后,首先要通知舅家,待舅家探视后方可下葬。舅家回去时要送一块猪或牛后腿,须带尾,无尾则被认为瞧不起舅家,不再认这门亲戚,故有"Jul bas jul fab diel(藤枯再无瓜),Jul mais jul daib nenl(娘亡不认舅)"之说,也有因此而争吵以至断绝关系者。舅带肉回去后,多则亲族送礼者各分一块,少则各户叫一人去吃一顿,苗语称为吃"姑妈肉"(nongx ngix hfud deik)。另外,每年农历三月中旬,台江、剑河、施秉等县清水江沿岸的苗族妇女都要过姊妹节。节日期间,外嫁妇女均回娘家过节团聚,捕捞鱼虾"打平伙"②。据老人们回忆,原来姊妹节期间,田里不管是自然生长的,还是人工放养的鱼虾,妇女们均可自由捕捞,主人不得干涉,否则被人们讥讽。打平伙聚餐时小伙子只能去"讨吃",称为"吃讨饭"(nongx gad liangl)。女人处于主导地位,男人处于附从地位,形势犹如回到了母系社会。

农业技术发展后,采集经济退居次要地位,男人们在生产中发挥的作用更大。这时的世系就按父系来推算了。苗族的子父连名制,是每人一名一音,从今而古,可以上溯几十代上百代。推祖溯源的方法苗语称"dib hfud bad ghet"直译意为"推算父祖头绪",即把从父、祖父到列祖列宗的排列顺序推算出来,这些人全为男性。反映在财产的继承上则是一切动产不动产,均归儿子。苗族妇女在父系氏族社会里已然失去领导地位,如在与农事密切相关的龙舟竞渡节日上,只许男子划龙舟,不许女子上船,否则会有旱灾,影响农事,这一禁忌的出现便是父系氏族农耕时代的体现。

部落是原始社会的一种社会组织,由两个或两个以上血缘相近的氏族构成,部落通常有自己的地域、名称、方言、宗教和习俗。婚姻的变革,促使氏族壮大,形成了以氏族血缘关系为纽带的社会组织。苗族部落的组成单位是"江纽"(ghab jangd 或是 jangd niel),即"鼓社"。"鼓社"是以父系血缘为纽带、共同祭祀一个象征祖先灵魂居所的木鼓的氏族集团,它可以由一个氏族组成,也可以由几个有血缘关系的氏族组成;还可以是一个村寨,或是有血缘关系的几个村寨。

《百苗图》中的"九股(鼓)苗"便可能是一个江纽下的 9 个或多个氏族,在苗族理辞③及有关传说中,他们原是一个鼓,后来因为人口太多,鼓被打破成九块,九支各得一块迁往各地,以后就各自祭祖。这说明氏族壮大后,即分解成子氏族,但因亲缘关系仍然存在,他们认同一鼓(祖),结成部落。"鼓社"以父系氏族为主体,但在举行祭祖活动时,必须有母系的一些重要成员参与,如要请舅父来杀牛,姑父来牵牛,亲戚都

① 舅父与外甥之间有特别密切的关系,社交的各种关系中以舅为大,即所谓的"Dob niangb lix ghab wul(深莫过滥泥田),Hlieb niangb diux daib nenl(大莫过舅家亲)"。

② 表示聚餐之意。

③ 理辞,苗语称为 jax lil 或 lil lul lil ghot。jax 音近"佳",是指天地万物和人类社会发展、变化、矛盾、关系的法则、规则、原则、原理、规律。而 lil 的含义就是道理的"理"。在苗族看来,理辞就是"法律"。旧时黔东南苗族的"榔头""理老""寨老""鼓主"等头面人物为他人说理断案、排解纠纷,向纠纷当事人叙说和判断是非曲直,多以理辞为依据,理辞具有"法典""律典""条例"的性质。

要来庆贺。即"鼓社"可以把外家(舅方)、姑爹(亲家)、自己三方联成一体,祭祖已不仅是家族、氏族的大事,而是有各种亲缘关系的人们的大事。"鼓社"管理的不仅是氏族内部的事务,也包括地方(社区)的重大事务,即部落的各项事务。而"鼓社"是根据"议榔①会议"通过的典章制度和本氏族的规矩,总理各项事务。综观苗族历史与文化,苗族是以"议榔"立法、"理老"②司法、"鼓社"执法来维护苗族社会稳定和推动苗族社会发展的。"鼓社"与"鼓头"在龙舟竞渡中的存在价值与意义将在第二章中展开介绍。

三、语言

苗族语言属汉藏语系苗瑶语族苗语支。台江与施秉县境内的苗语属黔东方言北部土语。除居住城镇的少部分人不以苗语为第一语言外,90%以上的苗族都以苗语为第一语言,并在语音、词汇、语法以及修辞等方面有自己独特的规律和完整的体系。由于支系不同和居住分散等特点,各地苗语在语音上都有程度不同的差别,按差别情况,大致可分为台拱、排羊、革一、后哨、交包、施洞、南宫等方音区。③ 施洞方音区主要为施洞镇、老屯乡各村寨以及施秉县境内双井镇、马号乡、六合乡清水江沿岸部分村寨。这些方音区的语音大部分相同,少部分略有差异,分别表现在声母、韵母和声调调值上。其中声母就有送气、不送气和喉舌音之别,施洞方音区的声母与其他方音区差别较大,其他方音区的"z""s"声母在施洞变为"s"和"hs",如"平地"一词台拱叫"ghab zangx",施洞叫"ghab sangx",而"钱"字台拱叫"saix",施洞叫"hsaix"。韵母的差异较小,只有少部分略有差异,如"做"字台拱叫"at",施洞叫"ait",南宫叫"it"。

现今当地苗族所使用的拼音文字是 1951 年我国发出帮助国内尚无文字的民族创立文字的指示后④,委派语言专家分组赴苗族地区开展语言调查后研究编制而成,目的不仅是便于记录本民族的语言,还能为汉语注音释义,并且有益于辅助学习第三

---

① "议榔",苗语称 ghed hlangb(构榔),就是议定典章制度。"议榔"是一个村寨或若干个村寨或一个鼓社,几个鼓社甚至一大片地方以"政治经济军事联盟"的形式召开"议榔会议"。"议榔会议"主持者称"榔头",苗语称 hfud hlangb(付榔)。"议榔会议"以"榔头""理老""鼓主""寨老"等为"会议主席",各村寨或"鼓社"派出代表参加,共同对伦理道德、生活生产、社会治安、刑事刑法、婚姻缔结、男女社交、公共财产、私有财产、氏族结社及其成员的权利和义务等等方面的"议榔"内容作出规定并要求全体成员遵守。

② "理老",苗语称 lul lil(卢离),是苗族一定社会团体中通晓苗族传统文化和古理古规、能言善辩、办事公道的长老,一般是自然形成。"理老"的职责是对纠纷、案件进行审理、调节、评判、裁定,这时他是"仲裁人"。有时"理老"是"律师",受雇于案件、纠纷的一方当事人,在评理会上帮助自己的当事人说理辩论。"寨老",苗语称 lul vangl(卢扬),是一个苗寨的头人,有的"寨老"也是"理老"。"鼓主",苗语称 ghab niel(嘎牛),是以父系血缘为纽带、共同祭祀祭祀一个象征祖先灵魂居所的木鼓的氏族组织的主持者,有的"鼓主"也是"理老"或"寨老"。"榔头"也充当"理老"。

③ 姬安龙:《苗语台江话参考语法》,云南民族出版社 2012 年版,第 13 页。

④ 贵州省施秉县地方志编纂委员会编:《施秉县志》,方志出版社 1997 年版,第 171 页。

种语言。具体文字方案是由 26 个拉丁字母组成,有 32 个声母,26 个韵母,8 个声调,其结构和书写形式简单易学(见表 3-2)。此方案于 20 世纪 50 年代开始试行,后一度中断,直至 1982 年重新恢复并实行至今。

表 3-2　现行苗文声母、韵母和声调列表

声母表(32 个)								
b	p	m	hm	f	hf	w	d	t	n	hn	dl	hl	l	z	c	s
hs	r	j	q	x	hx	y	g	k	ng	v	hv	gh	kh	h

韵母表(26 个)								
a	o	e	ee	ai	ao	ei	en	ang	ong	i	ia	io	ie	iee	iao
iu	in	iang	iong	u	ui	ua	uai	un	uang

声调表(8 个)								
调类	1	2	3	4	5	6	7	8
调值	33	55	35	11	44	13	53	31
调符	b	X	d	l	t	s	k	f

资料来源:贵州省施秉县地方志编辑委员会:《施秉县志》,方志出版社 1997 年版,第 172 页。

四、节日

调查地除每年的龙舟竞渡节日之外,还有大大小小十几个节日。其中,有苗族自己的传统节日,也有其与汉族长期交往中从汉族承袭而来的节日。通过对节日中的习俗禁忌等非具象化现象进行调查理解,可以从中更好地把握苗族的族性。

祭桥(敬桥节)

苗语称"滔久"(Tob Jux),逢二月初二或是选择二月中的任何一天进行。所祭之桥,有全寨共同祭的"寨桥",各家族祭的"家族桥",以及各户为求子所架设的"家桥",为求发财而架的"阴桥"(此桥常埋于地下)等。有些家庭,还在祭桥的同时,敬祭自家所设的木凳、石凳,或水井、岩石、大洞、大树等。

祭品有染成红色、绿色的鸭蛋、鹅蛋、糯米饭、粑粑及酒肉、香纸等。届时,全寨或全家携祭品到桥头,先抛食、倾酒,祭祀朝向寨子或自家方向的桥头,并用细石头把部分"纸钱"压在桥上。然后,参与祭桥的人开始就地在桥头边聚餐。就餐时,行人相遇,必请其共餐,以遇男性为最好,意为祭桥后家中要添贵子。祭桥所剩祭品,又带回家中,与家人共餐。若在祭桥三年内生男孩,在小孩出世后的第三年,需到桥头举行"啥久"(Seed Jux)的谢桥仪式,祭品用鸭和猪,意为感谢桥神送子。祭桥节日期间,每个村寨都要踩鼓跳芦笙舞,小寨连续跳三到五天,大寨要连续跳七到九天。

姊妹节

姊妹节在苗语中称"农嘎良"(nongx gad liangl),"农"即吃,"嘎"即饭,"良"为情

歌中男子自称和女子对情人的专称,其与情歌中女子自称和男子对情人的专称"妮"(nil)为对称词。这一节日是苗族青年特有的择偶恋爱的节日集会。举行的时间各地不一,双井、六合等地于二月十五至十六举行,施洞、老屯和马号等地于三月十四至十五日举行。节日前,各户备办酒菜,并到山上采摘一种植物将其与糯米浸泡,待蒸熟后呈黑色。施洞一带,则用当地的一种叫"姊妹花"的细花及各色染料,浸泡糯米蒸熟后呈红、紫、绿、黑、黄等相间的颜色,称之为"姊妹饭"。节日期间,姑娘们将筹备的蛋、肉、酒、鱼、姊妹饭等食物做好,款待应邀前来的男青年们。白天吹芦笙踩鼓,晚上喝酒唱歌,夜深游方对歌。对歌时,男青年向姑娘们讨要"姊妹饭",不论相识与否,姑娘们均慷慨相送,送的意义与姑娘的暗示有关,如若姊妹饭中藏有松针,示意男方日后以绣花针或绣花线酬谢;如若饭筐内挂竹钩,示意用伞相酬,挂几个钩即是谢几把伞,若两钩相连,示意多来交往;如若框边挂只活鸭,就要酬谢一头猪,供姑娘们节日聚餐;如若藏香椿芽或芫荽菜,则示意快来接亲;如若藏棉花暗示想念,藏辣椒或大蒜,则示意断绝往来等。节日历时三天左右,其间有踩鼓、吹芦笙、斗牛、赛马和斗鸟等活动。

图 3-8　2014 年 3 月姊妹节期间的斗牛

敬牛节

苗语称"鲁嘎廖"(Nongx Gad Liod)。每年农历四月八日,施洞及沿江村寨,家家户户都要到山上采摘"栋嘎亮"的嫩树叶,并用其制作糯米饭,称为"嘎亮"(Gad niangd)。节日的清晨准备酒肉一并带到牛圈边,先捏一团"嘎亮"和肉喂牛,淋酒于牛鼻上,以示感谢为一家生产、生活辛勤劳作的耕牛。之后喂足青草饲料,让牛吃饱,然后才进屋饮酒吃肉,每人吃一团"嘎亮",以示对耕牛的敬重。

吃新节

不同地区,吃新的日子也有所不同,一般在农历的六、七、八这三个月之间过这个节日。其共同点是到田中摘秧苞（若八月过节，则摘新谷穗）与陈米同蒸，象征着吃到新谷，预祝丰收。[①] 大部分地区于六月第一个卯日过，苗语称为"鲁莫"（Nongx Mol）。调查地清水江流域的部分苗族居民（双井平寨），定在农历七月中旬的巳日过节，届时每家都要到田里拔五根谷穗带回，拿到家里祭供。吃饭时，把已供过的穗撕开分给每个家人吃一点，称吃新米饭，故此得名"吃新节"。虽然日期因地域不同而先后不一，但食品都是棕粑、酒、鱼、鸡、鸭等，出嫁的女儿也都要回家探望父母哥弟。各地于节日期间还会举行规模不同的斗牛、踩鼓、吹芦笙、游方等活动。排羊、革一、台盘等可通婚村寨的青年男女还会轮流举行登山活动。

苗年

苗年是苗族祭祀祖宗和庆祝丰收的传统节日。境内苗族过苗年仍保持旧俗遗风，大部分地区在农历十月、十一月的子、丑、卯、辰等吉日过年，一般要举行三至五天的娱乐活动。但在这些吉日当中，各寨又有所不同，如老屯以十一月第二个辰日过年；巴拉河上自长滩，下至白土，旁及良田、黄泡、掌壁等十余寨，择十一月十一日至十二日过年。[②] 六合乡平扒村过年则定在腊月的第一个子日，称"祖宗年"。[③] 自清乾隆以后，因受汉族影响，施洞只过春节，不过苗年。[④] 过苗年的寨子在节日前的三五天，家家都要打年粑，酿米酒，为儿童赶制新衣。凡出嫁的姑娘都要备办礼品回娘家过年。过年当天，杀鸡宰鸭，到田中捉鱼，有的还杀猪。年饭菜肴丰盛，合家聚餐。届时有些地区还会举办斗牛、踩鼓等活动，更有人会借吉日操办婚礼。

春节与元宵节

苗语称"鲁仰丢"（Nongx niangx diel），意思就是过客家年。据当地苗族老人们说，苗族开始过客家年的时间大约在 100 年前，清末民初时期，特别是在中华人民共和国成立后才逐渐盛行。一些居住在边远地区不与汉族杂居的村寨，如翁脚、方白、交下的高坡苗是不过春节的。还有的村寨虽过春节，但也过苗年，如老屯、排羊、革一等地区。过春节比较热闹的地区是台拱（县城）以及施洞、老屯、双井、马号、六合这些沿清水江居住，与汉族毗邻而居、交往频繁的村寨。这些地区苗族过客家年，完全是向汉族学习而来。因而春节的一些仪式，如贴对联、十五玩龙灯、耍狮子等都会在春节期间进行。

节前置办年料极丰，除酿酒、打粑、杀猪、腌肉、杀鸡宰鸭外，还备办冻鱼、腌鱼等。年初一清晨，各家争先挑第一担水，意为清水进家，来年万事如意。年初二至初八，女

---

① 熊克武：《台江苗族历史与文化》，中国文化出版社 2010 年版，第 84 页。
② 台江县地方志编纂委员会：《台江县志》，贵州人民出版社 1994 年版，第 102 页。
③ 贵州省施秉县地方志编纂委员会编：《施秉县志》，方志出版社 1997 年版，第 184～185 页。
④ 台江县地方志编纂委员会：《台江县志》，贵州人民出版社 1994 年版，第 102 页。

婿备办米粑、腌肉到岳父母家拜年；未婚青年男女身着盛装、进行游方①活动。这期间，大寨以亲族或家族支系为单位，各家相互接待回娘家探亲的姑妈、女儿和来访的亲朋，酒宴终日不断，一般到初六或初八方止。正月十五元宵节时，县城和施洞地区的苗族与汉族一起玩龙灯、耍狮子。远近苗寨，成群结队，纷纷前来观赏。

祭祖节

祭祖节又叫"鼓藏节"，是苗族最隆重的一个盛典。这个节日苗语称"农江纽"（nongx jangd niel）或"农富呐"（nongx hfuk nes）。"江纽"是一种氏族社会组织，即"鼓社"。祭祖节一般按同宗的（基本上是以宗族为单位）一个寨子或几个寨子每隔十二年联合过一次。施秉县六合乡上中下三寨（料洞）把祭祖节也称作祭鼓节，苗语称为"Nongx jangd"，意思即"鼓社节"，节期为寅年十月十日，每隔13年举行一次。活动期间要推选出在当地享有威望，办事耿直公道的老者任"鼓头"，具体负责接鼓送鼓和主持活动的大小事务。祭祖节所用的鼓有3种，用枫木制成太鼓后，单面的太鼓叫"单鼓"，双面的太鼓叫"双鼓"。此外，用铜制的鼓是"铜鼓"。

用枫木制鼓，要在指定的地方"鼓窟"中制作，把枫木的树干挖空心，后两端蒙上牛皮而制成。"单鼓"长1.8米左右，直径约70厘米，平常存放在阴凉的山洞里；"双鼓"尺寸为直径50厘米，厚度约30厘米，保存在鼓主家中。

祭祖节的规模有大有小，有黑白仪式之分。"黑江纽"在祭祖时杀水牯牛，有许多清规戒律和仪式。事前选"鼓主"，有固定的鼓窟、制作单双鼓。"白江纽"则不杀水牯牛，只杀猪，祭的是铜鼓，不讲清规戒律，仪式也简单些。"黑江纽"从迎龙起鼓、选举鼓主、备祭祖牛到接双鼓、醒单鼓、制鼓、斗牛、宰牛、杀猪、送单鼓进石窟等，要经历四年时间。

祭鼓的前三年的子年举行迎龙起鼓、选举鼓主、接双鼓、醒单鼓、制单鼓等活动。醒单鼓要进行两次，一次是届期头年10月子日下午，第二次是次年（丑年）10月子日下午。第三年寅年举行审牛、号牛、制单鼓、杀牛祭祖等活动，即祭祖节的当年，场面盛大。除开祭祖盛典和踩鼓，还有吹芦笙，以及青年人游方、中老年人会话对歌等。外来客人分置于寨中各家，热闹三天。次年卯年杀猪祭祖，时间在农历十月，杀猪祭祖活动与杀牛祭祖活动相同，但主祭地点改在第二鼓主"嘎雄"家。活动开始的清晨自家祭祖之后，就分别到五个鼓主家里依次喝酒吃肉，先从"嘎雄"家开始，然后依次到其他鼓主家。最后送鼓仪式是半夜把双鼓送到自愿保管的人家，接着送单鼓进石窟。鼓送进鼓窟之后，全宗族的人们分别被鼓主们邀请去作最后一次的聚餐，整个节日活动至此完成。

---

① 游方是在贵州东部的苗族村寨内或村寨间，普遍的，且具有制度化倾向的男女谈情与戏谑的风俗。这是还没有完全成为该社会认定为"老人"（naik lok）的男与女，在平常的夜晚或有仪式进行的白天，在社会所安排、允许的空间内（如夜晚在村寨内的家屋旁，节庆的白天在村寨周边的山坡）男女交表姻亲一起谈天、诉情、对歌，与作伴的主要场域。

主持祭祖节的主要人物有五个,每届要轮换,不连选连任。本届祭祖节完毕,立即改选下届鼓主,筹备下届祭祖事务。鼓主条件是:已婚男子,中等殷实人家,为人忠厚、诚实。当选鼓主既是十分荣耀的事,也是一个庄严的职务。当选了第一鼓主时,全宗族的男女老少就成群结队地吹芦笙到他家祝贺。鼓主一经选出,就要总理全宗族事务,诸如社会道德、榔规、治安保卫等。每个鼓主都有自己的称呼和职能,第一鼓主称"该纽"(Ghab Niel)或"嘎桑"(Ghab Hsangb),是全宗族一届鼓藏节活动的首领;第二鼓主称"嘎雄"(Ghab Xongt),是"该纽"的副手,即鼓藏节活动的副首领;第三鼓主称"嘎套"(Ghab Hlaod),职责是传达命令;第四鼓主称"鼎往"(Dinx Wangx),职责是司礼。并在节日期间专门服侍第一鼓主。第五鼓主称"鼎播"(Dinx Bod),职责是服侍第二鼓主。另外还有四名专职人员,即分别是第一鼓主姐妹的丈夫"嘎勇"(Ghab LiongX),负责吹芦笙引路开道的"嘎耶"(Ghab veb),专门布置桌凳的"嘎当"(Ghab Dangk),以及保管"玉碗"的"嘎仰"(Ghab Hniangt)。最后还有精通各种仪式仪礼及有关史歌颂词的四名"礼师",苗语叫"坝罗"(Bad Hliod),专门负责礼乐、唱赞美歌。

祭祖节活动是苗族人生价值观得以全面展现的载体,怀念祖先、尊老爱幼、和睦相处、勤劳俭朴、富裕安康等是祭祖节的主题,完整的仪礼可以体现其敬畏自然、敬爱祖先的态度,严格的司职分配体现其沿袭已久的社会形态。它与施洞一带举行的龙舟竞渡节日也密切相关,完整的了解祭祖节活动对清水江流域龙舟竞渡的研究有重要意义。

表3-3　调查地苗族主要节日一览表

节日时间(农历)	节日名称	节日举行地点	主要活动内容
二月初二	祭桥(敬桥节)	各寨	祭桥、踩芦笙、斗牛
二月十五至十六	姊妹节	双井、六合、平兆	吃姊妹饭、踩鼓、游方、讨姊妹饭
三月十五至十七		施洞、老屯、马号	
四月初八	祭牛(敬牛节)	施洞	祭牛、吃乌糯米饭
五月初五、五月二十四至二十七	划龙舟(清水江龙船节、苗族独木龙舟节)	施洞(五月五日平兆)、老屯、双井、马号、六合	龙舟竞渡、祭祀、赶集、游方、踩鼓、斗牛、斗鸟、球赛
七月中旬的巳日	吃新节	双井平寨	踩芦笙、游方、斗牛
十一月第二个辰日	苗年	老屯、六合	踩鼓、斗牛、办婚事
十二月三十至正月十五	春节	沿江各寨	踩鼓、玩龙灯
正月十五	元宵节	施洞	舞龙嘘花
每十三年一次	祭祖节(祭鼓节、鼓藏节、鼓社节)	六合、老屯	杀猪或牛祭祖、斗牛、踩鼓、踩芦笙

资料来源:熊克武:《台江苗族历史文化》,中国文化出版社2010年版,第87页。笔者参照后编制而成。

五、风俗习惯

风俗习惯是人们在长期的生产生活中约定俗成的一种行为规范。不可否认，它与其他的社会现象一样，会随着人们生产力的发展水平和居住环境的变化而变化，但是它也具有相对稳定性的特征，尤其在待开发地区与少数民族聚集区，它会将一些历史文化以特定的形式保留在其中，故人类学研究者会重点关注这些风俗习惯，并从中找到更为完整全面的社会历史文化发展轨迹。

（一）生产习俗

1.农耕

调查地苗族以水稻种植为主，在旱地也种植一些小米、玉米、麦类、黄豆、红薯、土豆等粮食作物和麻类、烟叶、花生、棉花、油菜、蔬菜等经济作物。在长期的农耕作业中，形成了一系列与农耕相适应的习俗。

动土：俗称"起活路"，按照古礼是比较严格的。春节至正月十五这一期间，除日常生活必需的如打柴割草外，其他活动是不准动锄头挖土、抬粪上坡以及纺纱织布的。最近几十年来此礼虽有所改变，但也必须在春节过后的正月初七以后，才能开始上坡做农活。上坡做农活前，每个寨子先由活路头①来"动土"。活路头一般选择"子""丑"或"未"等吉日，于凌晨带上锄头、钉耙，到自家的田或土里，焚香烧纸，向东朝拜，接着用锄头在东面挖三下，插上一把巴茅草，草尖朝东，念咒祈祷，预祝一年风调雨顺、人畜安康、五谷丰登。然后象征性地挖土或平整一下田埂，最后回家向各户宣布一年农事的开始。有的村寨的动土仪式，由活路头来规定日期，通知各户在自家田边土头举行，仪式基本相同。

开秧门：各寨插秧前，先由寨中的活路头在适当的时候，选择吉日插第一兜秧，称为"开秧门"。仪式是由活路头带一只煮熟的公鸡、香纸、酒、糯米饭和有叉的五倍子树枝，在拂晓时，到自家的秧田上扯秧，途中忌见他人，特别是妇女。若遇人时，不打招呼，也不说话，而是先把五倍子树杈和一束巴茅草插于田中，焚香烧纸念词，祭毕即转回家，通知各户到各家的田插秧，仪式同前。

祭田：对于长期从事农耕的人们来说，田土与其生产收成关系尤为密切。调查地的苗族认为，过苗年时，不仅人要过年，田土也要过年，一些地方至今还有祭田的习惯。在农历十月过苗年的当天早上，每家由一男子用三根巴茅草和一包牛粪到田里去祭田，苗语叫"起里"，表示田也要加餐过年。当地苗族认为，祭田后，才能犁田，才能获得好收成；否则，得罪了田，可能会导致来年歉收。事实上，过去这些地区主要种植大季作物，八、九月份收割后，田土也基本上完成了一年的使命，此后如翻犁稻田过冬等劳作，即是下一个生产年度的开始，敬田、祭田实际上也是祈求土地来年带来更丰厚的回报。

---

① 被推选出主持农事的成年男子称为"活路头"。

图 3-9　施洞街边的稻田及苗族吊脚楼

2.渔猎

捕鱼：当地苗族很早就从事渔业生产，主要以稻田养鱼为主。一些居住在江河沿岸附近的村寨，人们常利用农闲时间到河里捞虾捕鱼。捕鱼的方法有很多，典型的传统方法使是用网打、垂钓、摸鱼、堆石拦水捉鱼、药鱼等。药鱼药的制作材料有化香树树叶、辣蓼树叶、茶油枯、石灰、地瓜籽等，将它们捣烂后放入水中，鱼儿被药物药晕以后会浮出水面，捕捉起来非常容易。此外，还捕捉蚱蜢、田螺、蚌、蟹、蛙、黄鳝、泥鳅、蝌蚪等。

狩猎：狩猎的时间一般在插秧、秋收过后的农闲季节，或大雪封山的冬季。方法主要有枪击、箭射、猎狗围猎、石击、棍击、设陷阱等。猎物有野猪、山羊、野猫、野兔、狸、旱獭、刺猬、穿山甲、飞鼠、竹鼬等，早期还有熊、虎、豹、狼等大型猎物。狩猎的人数以猎物的大小而定，少则一人，多则十几人。捕猎大型猎物时，可能几十人乃至整个寨子的成年男子全部参加。

捕鸟：捕鸟也是当地苗族农闲时一项重要活动，传统的方法主要有安装鸟套、网捕、竹夹、鸟铳击杀、沾膏等。捕捉的鸟类主要有候鸟、画眉鸟、黄豆雀、野鸡、斑鸠、锦鸡等。一般根据季节和各种鸟类的生活习性，选用不同的捕捉方法，捕鸟的时间选在鸟类还在群居的那一时段最为适宜。如捕捉画眉鸟或是黄豆雀，会选在鸟繁殖出窝后且还在群居生活的夏季或冬季。

3.养殖业与采集

养殖业：当地苗族世代以饲养耕牛、生猪为主，每户都养，这成为当地苗族的主要经济来源之一；其他还有饲养马、羊、家禽、蜜蜂、稻田鱼等。家蚕的饲养也能追溯到很久以前,多数村寨均有种植桑树,养蚕则全由妇女承担,所产丝线,多为自用,上市出售极少。

采集:主要由少女和妇女承担,采集后用作副食品、饲料等。品种主要有蕨菜、蕨根、苦青菜、芹菜、竹笋、苦麻菜、折耳根、野百合、板栗、杨梅、猕猴桃、核桃、五倍子等。

（二）生活习俗

1.居住

居住环境:当地苗族大都由十几户至上百户的家族或宗族为一个自然寨。他们主要以"聚族而居"为主,一个村寨中的人们是同宗同族的大家庭,世代相传聚居在一起,比如施洞镇芳寨的刘氏、杨家寨的杨氏。他们都各据一隅,建造并守护着自己的村寨。但也有不同时期因不同原因汉族混杂进苗寨与苗族一起居住的情况,如平兆、胜秉等地区。

苗族村寨一般依山傍水而建,房屋地基不同,住房结构也不一样。苗族喜欢种植枫树,用绿色植物把寨子包围起来,在树荫下放置长凳,以供行人休息或年轻人游方对歌[①]。他们的住房主要有平房和吊脚楼两大类结构,材料多为当地常见的杉木或松木,框架全系毛笋连接。板墙均为竖装,房顶多用小青瓦或杉木皮,亦有茅草盖顶者,多为山架结构歇山式屋顶两面倒水[②]或三面倒水,也有四面倒水的。近几十年,随着农村现代化进程加快,靠近公路沿线逐渐增加了现代砖木建筑的房屋。

建房:立房梁的当天早晨,房主须备五碗酒,十条鲤鱼(五条熟的、五条生的),白公鸡一只,请祭师招龙,苗语称"祭嘎哈"(Dit GHab Vab)。祭祀结束后,立好新房屋架上中梁时,房主另备红公鸡一只,由木匠用刀割破鸡冠,以鸡血擦中梁及木匠工具,鸡拴于中梁中间,主客各两三人分别拉中梁两端,架于中柱顶端,之后亲朋开始庆贺。送贺礼的人,近亲抬猪一头或拿公鸡一只,酒一坛,其他亲戚送钱送物均可。每有亲戚前来必燃放鞭炮庆贺,主人家则忙于准备酒宴,热情款待。

乔迁新居:迁入新居定居时,要择定吉日举行"迁居仪式"。迁居是在早晨天刚亮时进行,主人先扛自家的一副犁耙,手提鸡笼,从老屋点一支火把或包一捧老屋火炕上的火灰(含有"分火分灶"之意)到新居火塘上烧火,有的还包神龛上的香灰或点一把香带到新居来。迁新居时,第一趟去忌遇到外人,如果遇到外人不能打招呼,别人问了也不能应答,否则认为不吉利。有的还须通知舅家来"祭火坑",苗语称"Tait Ghab Jib Dul"。舅家来时,须带公鸡或公鸭一只,酒一壶。安设好火塘后,由舅家先烧火,之后主人才烧。"祭火坑"时,待火坑的火烧旺后,舅家象征性地用瓢舀水去浇在火塘上,意为祝福平安。迁居当天,主人杀鸡宰鸭,煮糯米饭等供祭祖宗,然后,在新房内宴请宾客,主客唱迁居酒歌,相互劝酒,直到主客双方尽兴。

日常起居:苗族的起居与房屋结构相关。明间较两个次间稍微宽大,通常隔成前

---

① 台江县地方志编纂委员会:《台江县志》,贵州人民出版社1994年版,第95页。

② 房顶角度用于雨水疏导(倒泄水)的面。

后两间,前面一间宽大,为堂屋,是全家饮食、取暖、待客的地方,安设神龛。过去,一般都在堂屋正中安设四方形斗状火炕,火炕内安置铁三角,火种终年不灭,火炕上方置一炕架或挂钩,用于存放食品或挂东西。堂屋左面中柱柱脚放置水牯牛角祭祀,有的还于中柱边竖立一根齐全的小竹当作"长命树"。除少部分苗族受汉文化影响,设立神龛和祖宗牌位外,大部分村寨均不设神龛,祭祖时,倾数滴酒、掐小点肉于火炕边或门外即可。堂屋后小间专住男性老人,绝不许住已婚儿子或媳妇。左右次间分为前后两间,左前间为儿子卧室或客房,后间为父母卧室或火炕。猪、牛圈和厕所在楼脚或房屋附近。

图 3-10　苗族的吊脚楼和日常风景

资料来源:李德龙:《黔南苗蛮图说》,中央民族大学出版社 2008 年版,第 169 页。

2.饮食

主要食品:生活在清水江流域的苗族在生产形态上来说都属稻作民族,当地苗族饮食也以籼米和糯米为主,有煮食和蒸食两种,辅以玉米、麦子、豆类、洋芋、红薯、高粱、稗子等杂粮,副食有肉、蔬菜等。在家进餐时,一般摆长桌或围炉而坐,每日分早、中、晚三餐。主食籼米、糯米的烹饪,均可用木甑蒸或鼎罐煮。

喜爱的食品：苗族喜糯食，嗜酸辣、好饮酒。以糯食为贵，凡有红白喜事，起居造屋等场面，糯米饭是接待亲友的必备之物。尤其是在婚嫁时接送新娘、农历二月十五和三月十五的"姊妹节"以及五月的龙舟节等等，或制作成年糕，或包成粽，或捏成彩色饭团，形式多样。这可能与当地苗族历史上多种植糯稻有关。据清代乾隆年间《镇远府志》记载，清政府在开辟苗疆之前，当地苗族多种植糯稻，但因糯稻产量低，收割烦琐，乾隆年间，才从外地引进籼稻品种在容山、老屯等地河谷平坝种植，后逐步推广。酸菜之类食物，当地苗族四季都在食用，特别是农忙时节及酷夏，食用酸菜可解渴开胃。苗族每餐必备辣，可能与当地潮湿环境有关，食辣为防潮除湿之用。当地苗族喜用糯米酿制米酒。苗族的老年人及成年男女大多数都能饮酒。酒的种类有自酿米酒、泡酒、甜酒以及烧酒等。逢年过节，无酒不欢；迎亲送友，以酒为礼；请客会友、祭神敬祖都要相聚畅饮。

特色食品：当地特色食品有酸汤鱼、腌鱼、鸡粥、冻鱼、榨辣粑、酸菜等。

酸汤鱼：用酸汤水煮鲜鱼。制作之初，先把酸汤煮沸，再把宰杀后去除苦胆的鱼放入锅中煮到半熟，之后再放适量食盐，其次将白菜、青菜、韭菜、鱼香菜和豆腐等放入其中伴煮。待鱼煮熟后，将鱼舀出放于盘中，然后将青椒或辣椒粉、葱花、花椒粉等拌匀倒在鱼肉上而食。鲜鱼经酸汤水煮过后，有效地去除腥味，肉嫩汤鲜、香辣可口。

腌鱼：腌鱼是清水江和巴拉河流域一带苗寨最具代表性的名菜之一。制法是将鲜鱼洗净、宰杀后剖开取出内脏，用食盐、辣面、花椒粉等拌匀后稍作腌渍，然后放在热锅或炭火上烘烤至半干，再拌上酒糟或糯米粉，贮于坛内密封即成。吃时将鱼取出油煎或煮熟，其味酸、甜、辣俱备。

鸡粥：将宰杀的鸡取出内脏，洗净后拌以半斤籼米或少许糯米和清水同煮，鸡煮熟时先将鸡捞出，切成块即食，米粥继续煮至糊状再食，香甜可口。

冻鱼：冬季将鲜鱼放入锅内，也可加入其他杂菜、黄豆等，加适量的水煮熟后，盛于大碗内或盆内，撒上适量食盐、辣椒粉、花椒粉。次日冻后即可食用，清凉可口。

榨辣粑：制作榨辣粑先要制作榨辣子面，榨辣子面的制作过程是先把辣椒洗净，再把洗好的糯米滤干，两者混合均匀后，用勺子慢慢地添加到打浆机里，再把打出来的辣米浆放进坛子里密封好，放上十天半月后就成了榨辣子面。制作榨辣粑时，先将榨辣子面从坛中取出，视榨辣面的水分情况，用适量的水将其调成面团，之后切片放入锅中温火油煎即成，吃起来既有糯米粑的糯性，又酸辣可口。

酸菜：有干制和水腌两种。干制的俗称"水盐菜"，夏初，将青菜叶洗净晒干，有的还掺有晒至半干切细的野葱、蒜苗或蒜薹等，拌少量食盐及白酒或酒糟后揉匀，置于土坛内密封半月即成。吃时，从坛中取出，放适量辣椒粉、大蒜末凉拌而食；也可用来与田螺、细鱼、蝌蚪等同煮、撒上适量食盐和辣椒粉后食用。水腌的制作方法是先将水烧开后置于一边冷却，冷却后再加入适量的食盐一起放入坛中，之后再将主料豇豆、萝卜、青菜叶、莲花白等洗净后放入坛中密封腌制四五天即可食用。

图 3-11　酸汤鱼

图 3-12　腌鱼

3.服装

　　按服装的区分,调查地以施洞镇为中心,沿清水江两岸从施秉县的平寨起,下到料洞,又从巴拉河口起溯河而上至老屯长滩,每年会进行龙舟竞渡,彼此之间通婚并往来频繁的两岸苗族,都穿同样服饰,所属暂称为清水江型施洞式服饰,又被当地人称为"方南型"(Wangb Fangb Nangl),操苗族语中部方言北部土语施洞话。同穿清水江型施洞式服饰的区域除了调查地范围内的台江县施洞、老屯、四新、平兆,施秉县马号、六合、双井以外,还有非调查地范围的台江县良乡、五河、宝贵、坝场和黄平县山凯等地。

　　"方南型"服饰男装从盛装到便装,从儿童到老年装,服饰格调、结构基本相同,均为"上衣下裤"结构,衣服为藏青色亮布,布扣对襟,裤为直筒长裤。盛装时在腰间束一条宽两寸的彩色丝织腰带,用银泡和银蝴蝶装饰在腰带上,丝带两头留出半尺长的璎须,结束在腰的右侧,并自然垂下。七八十岁以上的老年人以蓝色长衫套黑色小褂为盛装,幼童盛装配有刺绣狗头帽(狮头帽)、刺绣口水兜、狗狗鞋子等,狗头帽上用银泡和银菩萨装饰。青年男子一般留新式发型,老人则剃发,包青色土布头帕。夏季穿草鞋或凉鞋,冬季穿钉鞋或球鞋。

图 3-13　"方南型"成年男子的盛装

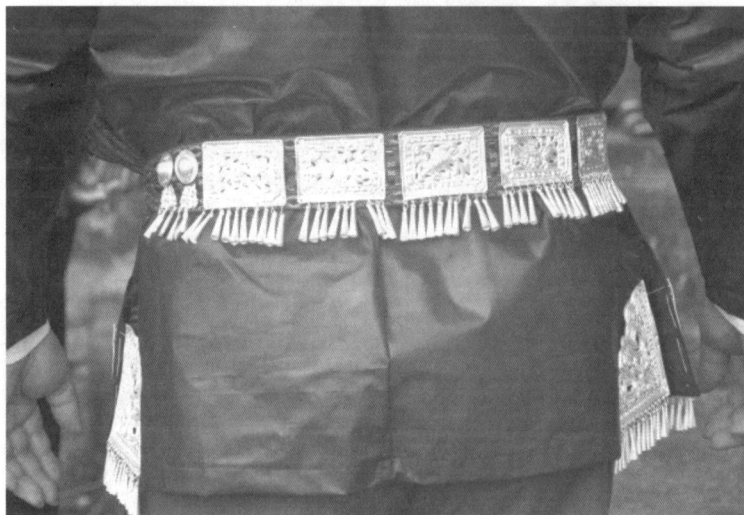

图 3-14　"方南型"男子盛装的带银饰的腰带

图 3-15　"方南型"成年男子的银制衣角

图 3-16　男性老人的盛装

　　"方南型"女装不管便装或盛装均为右衽服。20 世纪初为"上衣下裙"结构,现已演变为"上衣下裤"结构,上装为绣花衣或素衣,下装为黑色直筒裤,头部束发髻于顶部,用一小木梳子插于髻底,以彩色条纹头巾包头布一圈。[①] 盛装包括精制的刺绣花衣、黑色的百褶裙、绣花半包拖鞋以及华丽的头、项、耳、胸、腹、手等部位的银饰。整体结构是传统的上衣下裙结构,上装为无领大袖右衽绣花衣,衣长盖过臀部,在上衣的衣袖、肩部、衣摆、前襟、后襟等用刺绣花样和织棉花带装饰。刺绣花样以苗族古

---

　　① 　熊克武:《台江苗族历史与文化》,中国文化出版社 2010 年版,第 182 页。

歌、传说故事为内容,织棉花带多为丝质,图案多是线纹、波纹、蝶纹、鸟纹等。刺绣方法以平绣加锁绣为主,以破细线(一般为破四股到破十六股)平绣最为精致。年轻女子下装为藏青色的百褶中长裙,裙片大,呈"A"字。二十世纪末期后随着婚姻范围的扩大,红色条纹配饰裙脚的百褶裙逐渐在此族群中流行开来。中老年妇女盛装的下装现已普遍为黑色裤装或黑色百褶裙外配前后两片刺绣围裙,围裙的刺绣紧密。少妇以鲜艳的红色系为主,中年妇女以紫色系为主,老年妇女以深蓝色系为主。围裙图案内容与上装对应,制作方法为织棉和挑花。[1] 绣花半包拖鞋主要与青年女子盛装相配,鞋面绣花,后跟处开口,形似半包围状,而婚后女子均着黑色布鞋。[2] 银饰是盛装重要的组成部分,也是盛装的标志。一套完整的青年女子盛装银饰多达百件,重达二三十斤,头饰比较丰富,有银花、银鸟、银螳螂、银蝴蝶、银角、银额片、银梳等;少女银装项饰以多、重为美,各式各样重叠的银项圈常常遮住了半个面部;胸饰中银压领宽大耀眼,银链粗细不一;上衣前后衣片坠满银衣片,袖口和衣角镶有吊坠的银泡;手饰包括银手镯、银戒指等。中老年妇女随着年龄的变化,盛装中银饰逐渐减少,主要有银花、银鸟、银梳、银压领、银项链、银手镯、银戒指等。

图 3-17 "方南型"女子盛装

---

① 台江县地方志编纂委员会:《台江县志》,贵州人民出版社 1994 年版,第 107 页。

② 龙济国、潘国藩:《苗族社会历史调查(一)》,民族出版社 2009 年版,第 296 页。

图 3-18　"方南型"妇女盛装

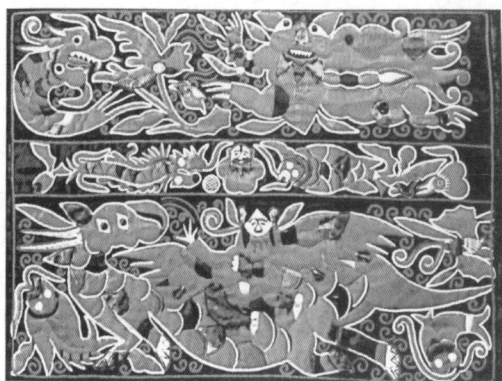

图 3-19　"方南型"妇女服装的刺绣图案

资料来源:吴仕忠:《中国苗族服饰图志》,贵州人民出版社 2000 年版,第 154～160 页。

图 3-20　"方南型"妇女服装的平面图

资料来源:吴仕忠:《中国苗族服饰图志》,贵州人民出版社 2000 年版,第 154～160 页。

图 3-21　"方南型"银项圈

资料来源:吴仕忠:《中国苗族服饰图志》,贵州人民出版社 2000 年版,第 154～160 页。

图 3-22　"方南型"银衣片

资料来源:吴仕忠:《中国苗族服饰图志》,贵州人民出版社 2000 年版,第 154～160 页。

(三)生育、婚恋、丧葬习俗

1.生育

当地的苗族社会形态是以血缘关系的氏族或部落为单位组成的,生儿育女不仅是人丁的增加,更预示着血亲氏族或部落的壮大和继承,所以当地苗族极其重视生育。一些妇女婚后多年不育,家人便会千方百计寻医问药,更会在"二月二"祭桥节或另择吉日去"架桥设凳"以保佑祈求怀胎生子。

婴儿出生时,一般由家族中的长辈妇女为其接生,如今在离医院近的或条件许可的地方也有少数到医院接生的。婴儿出生后,一般都还不穿衣服,只是用一床小棉被包裹着,到了第三天早上,先请房族①中辈分较高的妇女为婴儿穿衣,抱出产房(实为产妇的起居卧室)与家人及亲戚见面,让婴儿触摸器具。一般男婴摸的是笔墨纸张、犁耙、柴刀、书包之类,女婴摸的则是丝线、绣花针、剪刀、竹篮等器具,意为婴儿从小就触摸这些东西,长大后才会使用这些器具,同时祈愿婴儿长大后在这些方面有一技之长。接着婴儿的父亲及祖父杀鸡敬供祖宗,然后宴请房族亲友,并给婴儿取名。之后再向外公、舅父家及其他亲戚报喜,在婴儿未满月之前,家中设一个凳子专供产妇就座,其他人不能就座也不准将这个凳子带进别家。此期间,产妇不准到左邻右舍串门,也不准参加祭祀或集体性娱乐活动,否则认为可能会带来不吉利。期间,外婆、舅妈、姑妈等亲戚都带鸡、猪肉和酒等专门前来,一方面表示对产妇的慰问,另一方面表示对主人家的祝贺。每当亲戚到来,主人都杀鸡备酒款待。待满月时,选择吉日让产妇及另外几名妇女,带婴儿到外婆或择定的亲戚家串门。外婆或亲戚家即设宴招待,参加就餐的舅家或亲戚家人员,一般都以衣服、布匹或钱物相赠。

---

　　① 同支宗亲的总称。

2.婚恋

游方:恋爱交友俗称"游方"(iut fub),是当地苗族青年社交和择偶的主要渠道。因此一般每个寨子都设有专供男女青年娱乐和恋爱择友的固定场所,即"游方场"和"游方坡"。"游方场"一般设在寨边或寨中,"游方坡"则设在寨子的附近的坡上。这些场所一般栽有大树,设有石凳或木凳等供青年男女歇息。如果一个寨子是由同一家族或同一宗支聚居而成的,一般一个寨子设一个"游方场"或"游方坡"。若寨内是多个家族或是宗支杂居,则以家族或是宗支各自设立,目的是避免同一家族或同一宗支的兄弟姐妹混杂在一起,起到兄妹间回避的作用。因为在当地苗族社会中,同一宗支就是同一个家族,同宗的男女即为兄弟姐妹,不能通婚,否则被认为是有违伦理。

游方分为白日"游方"和夜间"游方"。青年男女"游方"的时间多数是在农闲时节的夜间进行的。届时,男青年们便来到"游方场"上以吹口哨或唱歌方式,邀约姑娘们来游方。青年男女们初次见面游方,大都是群体性的活动,或对唱情歌,或嬉闹玩乐。经过双方相互有了一定了解之后,再另寻僻静处进一步倾吐情意,如不满意即借故离开,互不埋怨。"游方场"内,禁止粗鲁的言行举止,凡遇长辈或兄长路过,必须回避切不可以目正视对方。白天的"游方"一般在节日或特定的活动期间才能进行,如过年、坡会、姊妹节、吃新节或龙舟竞渡节日期间等,地点一般在"游方坡"或集会附近。多数地区都设有固定的节日或规定一定的时期作为"游方"的活动期,比较隆重盛大的如清水江、巴拉河流域的施洞、老屯地区在农历三月十五举行的姊妹节和五月二十四至二十七日间的龙舟竞渡节日。这一期间,小伙子们走村串寨,可十天半月不归,也不用自带钱财,所到之处,全由姑娘招待。通过游方,男女双方若情投意合,就以手镯、戒指、围腰或其他银饰物件作为信物相互交换。过后各自征求父母同意,再认定婚约。

婚姻:苗族对婚姻有着严格的规定,严禁同一房族、家族内联姻,同姓之间若非直系血统也可结亲。婚姻缔结有包办婚姻和自主婚姻两种。包办婚姻分为"父母包办婚"和"姑舅表婚"。"姑舅表婚",意为姑妈的女儿必须许配给舅爷的男孩,若不愿意嫁给舅家,必须偿还舅家的礼钱,苗语称为"你姜"(Nix Diangb)。无论是"父母包办婚"或是"姑舅表婚",结婚都要经过"提亲""定亲""接亲"和"回门"等程序。在清水江流域,联姻双方的家长在预先选择好的日子里,分别请一位中年妇女提上两斤重的喜糖,男方另外还备办三、四斤酒和几盘菜以及一篮染成红黄绿色的糯米饭,来到之前约好的地方碰面,然后坐下相互敬酒祝福,分食糯米饭。之后将互换过的喜糖由家长亲自拆开并请房族中妇女分发给整个家族和寨中邻居,以作报喜。到成亲之日,由男方在房族内找两个能歌善道、父母健在的壮年男人,提一封红标喜糖、一只青鸭和一把红纸伞前去接亲。到了女方家,由女方家族轮流设宴招待。当天就会把新娘接走,女方的亲友送行至半途中,男方备好一甑糯米饭等候在那里,每人得到一团糯米饭后即返回,新娘则另由男方请的数十位姑娘接走。新娘来到男方家门前,要待男方主人烧香焚纸、鸣放鞭炮,祭祀祖宗完毕后,女方才吃一点递来的鱼肉,喝一杯米酒,再以左脚先跨进屋,由姑娘们领进洞房后更衣休息。当晚男方家里会宰杀大青鸭、大公鸡各一只以及用猪肉等设席宴请亲友和邻居,姑娘们则陪伴新娘在洞房里吃饭并留宿,当晚新郎新娘不得同宿。次日拂晓,姑娘们要带新娘去挑新水,由指定的一名拥有多个儿子的妇女舀进三瓢水到新娘所提桶里,第一瓢称"舀五谷",第二瓢称"舀金银",第三瓢称"舀儿孙"。到入夜时分,寨中青年前往洞房燃放鞭炮以示祝贺,接着主人置酒席宴请,一直到半夜鸡叫方才散去。新娘回门的第一天,男方同样设酒席接待亲友和邻居。宾客赴宴时要捎带贺礼,男客以送钱为主,女客一律送自制蓝靛染布。新娘回门时要有四至六人陪送,回门礼物需要猪肉120斤以上,1斗2升米、1斤烟叶、2两茶叶、半斤辣椒、1斤食盐等等要回礼给亲友的全部礼品。回门后,新娘通常要过3年才到男方家常住。常住之前,每逢农忙或节日,由新郎喊去住十来天,再打上一定数量的糯米粑送回。

一般的自主婚姻是男女双方通过"游方"选择对象,关系确定之后,各自告诉父母、兄嫂,通常都不会遭到拒绝,然后由男方家父母出面(父母双亡这由兄嫂出面)主持,其整个程序与包办婚姻相同,这种形式在当地最为普遍。

另一种自主婚姻一般不经过与双方父母商量同意,由男女双方经过"游方场"上多次交往了解后自主决定,互定终身。这种情况一般是在双方或一方父母拒绝后发生的,此时,各自的亲朋好友就会充当中间人,帮忙说服父母。

3.丧葬

丧葬是对亡者的处置方法,但在灵魂不死观念的支配下,处置方式的不同,体现了人们对死亡这一现象的认识。当地苗族根据亡者死亡时的情况,分为正常死亡与非正常死亡,其葬俗也不一样。一般而言,人过五十,都要先割好老木,并有亲戚朋友前往庆贺。而青壮年死亡,安葬地点须远离寨子。对正常死亡者比较讲究,实行土葬,一般有送终、停尸、守灵、吊丧、安葬、复山、走客、送魂等步骤。而非正常死亡者忌抬进家停丧,须火化后方能下葬,并且葬礼从简,不能埋在祖宗宝地。

(四)信仰及禁忌

1.信仰崇拜

自然物崇拜:调查地苗族信仰万物有灵,对于一些大树或形状怪异的自然物,都认为有神灵附于其上而加以崇拜。夫妻多年不育,要拜祭巨石或古树。小孩生病也要拜大树或怪石,称其为"树爹""岩妈"。寨边的风景树尤为受到膜拜,认为是庇护村寨的神树,不许砍伐,不许折枝,逢年过节要勤往敬祭。响雷认为"雷公"发怒,雷击认为是"雷公"的惩罚。流星坠落认为是"火神"降临,将有火灾发生。大风认为是"风神"过境,必须躲开。日食、月食认为是"天狗"吃太阳或月亮,必须敲击锣鼓营救。久旱不雨,认为是"旱神"作怪,必须抬狗、击锣求雨或敬祭水潭等。

祖先崇拜:当地苗族认为人的灵魂是永存的,死后的祖先都有三个魂,一个守坟墓,一个回去和祖先团聚,一个在家守家园,保佑后代子孙。人们对祖先的崇拜最为虔诚,很多地方都有"吃鼓藏"的习俗,来祭祀共同的祖先。家庭就餐时,只要有点肉食等佳肴,都要先滴酒掐食于火炕边,敬祭祖先,然后再吃。城郊或汉族杂居安设神龛的村寨,每逢重大节日或喜庆活动,都要焚香烧纸,敬祭祖先神位。家中有人生病、出远门或做事不顺等,都要焚香烧纸,祈求祖先保佑平安。

人造物崇拜:崇拜的人造物有木桥、石桥、木凳、土地菩萨、水井等。崇拜的桥有阳桥和阴桥两种,阳桥即架设于河沟两岸,材料用原木、木枋或石板均可,以利交通;根据架桥参与的人数以及需保佑的过桥对象来分,有寨桥、族桥、家桥。崇拜阳桥的目的是祈求子孙繁衍,人丁兴旺。阴桥埋在地下,一般不让人知晓,崇拜阴桥是祈求发财富贵、家有能人。不论阳桥或阴桥,新架设时,必须以三牲祭祀,以后每年农历二月二,都要敬祭一次。木石凳一般架设于坳口路边,供人歇息,崇拜的目的是祈求生儿育女,每逢农历二月二祭一次。土地菩萨立于寨边、路口、山坳、桥头或名胜之地,是祈求保佑村寨平安、人畜两旺。崇拜水井是把子女拜寄给水井,保佑子女健康成长,祭祀的日期一般也在二月二。

神灵崇拜:当地苗族认为万象万物都有神。对所有事物的神灵,都是诚心诚意地崇拜,洗寨、挖路等,要招山神庇护;出船、龙舟竞渡、拦河等,先要祭祀河神;砍伐房柱、房梁、鼓木、舟木等,要祭树神。立门要敬门神,立房要敬家神,立圈养畜要敬圈神,动土、挖土要敬土地神等等。

2.禁忌

生产禁忌:大年初一到大年十五不能搞生产,在家不能碾米,纺纱线,不能扫地,据说如果有违以上禁忌会把一年的雨水带到外地去,可能造成干旱。年初春雷未打三次之前,忌讳从事农田活动。插秧以后,不准烧死人,认为烧死人会弄坏庄稼。做活回家,忌扛着锄头、钉耙进屋,只能提着放进门角或其他地方,否则会被认为是找死人埋。教耕牛犁地,忌讳见到孕妇,忌孕妇上屋盖瓦等。

日常生活禁忌:办喜事或过年节,忌说不吉利的话,忌弄破锅、碗、盆、酒杯等,忌老鹰及乌鸦等栖息于屋顶,忌别家的鸡、狗到自家生蛋、产仔,忌鸡、狗上到屋顶。正月初一忌倒水出门,吃饭忌敲碗。产妇未满月,忌讳进他人家门、忌他人进产房。客人出门前,忌扫地。忌讳蛇进屋。晚上忌梳头。忌在家戴斗笠。男人忌穿女人衣服。忌将米饭或汤菜等食物倒弃于粪便上。上厕所忌讳听到第一声杜鹃鸣叫。自家房屋被烧时忌在寨子内乱窜或进别人家中。出门做事或经商忌第一个遇到的是女人。

婚姻禁忌:姑娘出嫁或接亲时,忌讳遇下雨,遇雨被认为婚后多流泪,不幸福;忌半路遇见抬死人或蛇拦路,忌讳听到雷响。出嫁途中,忌跌倒。未答应女儿婚姻前,不能宴请媒人。嫁女时,忌续弦或鳏寡之人当送亲和接亲人。"祭鼓藏"活动未过三年,父母新故未满三年,忌儿女婚嫁。婚嫁时,忌用家中男女不全、父母不全、夫妻不全的人从事接伞、杀猪等重要活动。新娘到夫家后,未进行端甄礼仪前,忌触摸夫家甄盖或端甄子等。

节日禁忌:祭桥时,忌祭别人家的桥。四月初八敬牛节,忌用牛耕地或做其他活动。龙舟竞渡节日期间忌打翻东西,忌说"翻"之类的话;妇女不能上龙舟;禁止坐月婆触摸龙舟、煮"龙饭"和"龙肉";在龙舟上吃饭不能用筷子,只能用手。

丧葬禁忌:丧事期间,忌在屋内商量丧事和在尸体旁吃食。出丧未满三天忌扫地。有丧事的人家忌吹笙,亡者家未引领亡灵"走客"前,忌家人洗衣服,忌钱财给别人。

修造禁忌:抬房梁木时,主人抬树脚,客人抬树梢,路上不许换肩、不许换人,不准将中梁木倒放在地上。起房造物时,孕妇忌过木工工厂。修房屋受伤出血忌擦于柱头,买旧房须更换中梁。

第四章

苗族龙舟竞渡的概况

在调查地的苗族村寨,龙舟竞渡在每年农历五月二十四至二十七期间举行。分布在台江县、施秉县境内的清水江、巴拉河流域两岸的苗族村寨,都会以龙舟竞渡来庆祝节日。节日期间还包含赶场集会、游艺、游方(谈情说爱)、体育、表演等活动。其起源传说、传承方式、龙舟形制、竞渡身体技法、祭祀仪式等与现今其他地区存在的龙舟竞渡都不相同,是一个可以直接反映苗族核心文化的综合性极强的大型农事性祭祀活动。

第一节　苗族龙舟竞渡的历史及起源传说

一、苗族龙舟竞渡的历史

在中国,相传龙舟竞渡原本是长江(扬子江)以南的习俗。虽然关于其起源的时间及场所,至今仍然无法确认,而学界的一个主流观点认为龙舟竞渡出于"楚"[①]。

在查阅与苗族龙舟竞渡相关的历史文献中发现,12世纪的南宋时期,朱辅撰写的风俗志《溪蛮丛笑》中记载了当时"溪蛮地区"[②]苗族龙舟竞渡的盛况[③]。"溪蛮地区"相

---

① 楚国,又称荆、荆楚、楚荆,中国历史商朝后期至春秋战国时期的一个诸侯国。公元前223年为秦所灭。其全盛时的最大辖地大致为现在的湖北、安徽、河南、湖南、浙江、上海、江苏、江西、重庆、贵州、山东、广东部分地方。

② 根据《后汉书》卷八六,列传第七六,南蛮传记载所谓"溪蛮",亦称"五溪蛮"或"武陵蛮"。东汉至宋时,对分布于今湘西及黔、川、鄂三省交界地沅水上游若干少数民族的总称。其分布地在沅水流域,即现今包括清水江流域及其下游地区。

③ (南宋)朱辅《溪蛮丛笑》:"独木船:蛮地多楠,有极大者,刳以为船。大十五:蛮乡最重重午,不论生熟界,出观竞渡,三日而归,既望复出,谓之大十五。船分五色,皂船之神尤恶。去来必有风雨。一月前,众船下水,饮食男女不敢共处。吊屈原,正楚俗也。富贵坊:竞渡预以四月八日下船,俗聚饮江岸,舟子各招他客,盛列饮馔,以相夸大,或独酌,食前方丈,群蛮环观如云,一年盛事,名富贵坊。"

当于今天湖南省或贵州省一带,虽然此处是否是清水江流域苗族龙舟竞渡的原型还有待商榷,但其却是历史文献最早记载"溪蛮地区"的龙舟竞渡,据此其起源可追溯到12世纪。明朝时期,杨嗣昌《武陵竞渡略》竞渡考中也有"竞渡事本招屈,实始沅湘之间"的记载。而现今苗族龙舟竞渡的清水江流域的下游便是沅江,最终流入洞庭湖。古时春秋、战国时期,此地就归属被称为"荆蛮"的楚国,后楚国在与华夏各族的融合中发展,只西部武陵山脉一带的部分族群保留着原有的传统文化,后被称为"武陵蛮"或"五溪蛮"。后来,其继续不断向南迁徙,迁徙主要路径与中心活动范围都围绕清水江、湘、沅的贵州东部与湖南湘西等地。

根据德国人类学家鲍克兰的描述,"依据风俗习惯与田野调查,现居住在施洞地区清水江沿岸的苗人有可能是 500 年前从湘西一带迁徙而来。……农历五月的竞渡也许原本就是他们的自古以来的习惯,或是他们在湘西时从汉族学来的习惯。"[1]实际上,从鲍克兰书中提及的明朝《镇远州志》(抄本)中的记载可得出,最迟在明朝正统年间(距今 600 年左右),现今施洞地区就出现了龙舟竞渡这项活动。

关于龙舟竞渡的举行在"农历五月初五"这一时间,至今的研究表明,此时期正值稻田刚插秧,稻苗的成长需要水,故对向龙神祈雨这样与稻作相关的活动是很重视的。调查地苗族的龙舟竞渡也在此列。

二、苗族龙舟竞渡的起源传说

现今,关于苗族龙舟竞渡起源的传说共有七种版本[2],其中记录较多和民间流传较广的可简要概括为以下四个[3]:

> 传说一:"相传过去在巴拉河口住着位老人。一天,他带独生子下河打鱼。突然阴云遮天,狂风大作,江河巨浪拍天,从深潭中跃出一条老龙,一下子将其子拖进了龙洞里。当老人潜下水去找到儿时。但是为时已晚,老龙早已将小孩拿来当枕头睡大觉压死了,正酣然入睡。老人愤怒已极,决心为儿子报仇。他游回岸上,拿着火镰、火草,再次潜入龙洞,放火把龙烧死了。燃烧后的烟雾却弥漫了整个清水江和巴拉河上空。接着,大雨滂沱,一连九天九夜,天昏地暗,鸡不见亮啄米,牛不见亮吃草,人不见亮干活。大家什么事也干不成,很是发愁。当时,有一个妇女带着孩子摸黑到江边洗衣,孩子将捶衣棒在水面上划来划去嬉戏,嘴里无意中喊道:'咚咚多! 咚咚多'。谁知他这么一喊,天上顿时云消雾散,天又亮了。是夜,老龙便给大家托梦说:'我害了老人的独生子,自己也赔了一条命,但愿你们老少行好,用杉树依照我的身躯,在清水江、巴拉河划上几天,让我像活着一样,我便兴云作雨,让你们五谷丰登'。人们听了,

---

① Inez de Beauclair,Ethnic Groups of South China,Tribal Cultures of Southwest China,1970,p.30.

② 鈴木正崇:『ミャオ族の歴史と文化の動態——中国南部山地民の想像力の変容』,風響社 2012年版,第 336～347 页。

③ 于 2014 年 6 月 21 日,与施洞苗族独木龙舟协会主席刘昌乾的访谈记录。

信以为真，就照老龙所说，果然灵验，降了喜雨。大家更高兴了，纷纷做起龙舟来划。"①

传说二："古时茅坪（台江县施洞上游 30 里处），清水江边有个老渔夫叫保公，他和独生子九保去江中打鱼时，九保被恶龙咬死，老渔夫为儿子报仇而潜入江中去杀死恶龙，导致天昏地暗，人们无法耕作生活。后来一位妇女摸黑带小孩到河边洗衣裳，小孩将捶衣棒放在水面上划来划去，嘴里模仿苗族鼓点不停地喊道：'咚咚哆！咚咚哆'。谁知他这么一喊，天上顿时云消雾散，东方升起了万道霞光，一轮鲜红的太阳冉冉升起来。不久，江面上飘起一条四五丈长、碗口那么粗、闭着眼不动弹的五颜六色的怪物。大家跑去一看，原来是被烧死的恶龙。胆大的人割其肉烧着吃，很是鲜美。这么一下传开来，谁都想尝尝。胜秉发现最早，割龙头；平寨得龙颈；塘龙得龙身；榕山得龙腰；施洞芳寨的人去得晚了点，只得龙尾；杨家寨去的最晚，仅得点肠子。当夜，恶龙给人们托梦，要求人们模仿它的真身，以划龙舟的方式祭祀它，它便兴云作雨，保佑人们五谷丰登。人们遵照恶龙的要求，各村寨制作龙舟，在清水江上进行竞渡，果然来年风调雨顺。"②

传说三："过去平寨上面有一个龙塘，塘里住有一条犀角龙。某家有一条大水牯牛，每到塘里洗澡的时候，总要下塘去和龙打架。有一天牧童拉着牛的尾巴，跟着钻到水底看看牛在水底里干些什么，结果这个小孩不幸被龙打死。他的父亲于悲愤之余，有一天也拉着牛尾巴钻到塘底。在看到龙和牛斗到疲倦的时候，他用尽气力一刀砍下去把龙杀死。于是天就发黑，后来划了龙舟天才明亮起来。③

传说四："一条掌握雨水的金角老龙，一天遇见了鬼谷先生，便问他：'听说你计算得很准！你计算一下，这次下雨，城内大，还是城外大？'鬼谷先生说：'城外下三滴，城内只下一滴'。金角老龙一听，正合玉皇大帝所交给他的任务，为了对鬼谷先生不服气，他改变了玉皇大帝的命令，在城内下了三滴，城外只下一滴，结果使城内涨了大水，泛滥成灾，城外雨水不够，造成干旱。玉皇大帝得知后，派天使下来宰杀金角老龙。天使到了唐王宫里，因唐王想救下金角老龙，便殷勤招待天使，陪着他喝酒，希望蒙混过宰杀的时刻。不料天使尽管醉酒，在酒席上睡了片刻后，仍把金角老龙的头宰杀下来，挂在朝门之外。后来唐王为了纪念老龙，并祈求雨水调和，才规定了划龙舟的节日。"④

清水江流域苗族龙舟竞渡的起源传说，流传最普遍和最广泛的是第一、二两个传说，也被民间以及官方所认可，但其中细节，各寨流传有所差异。在国家非物质文化遗产的评定中，以上第一、二两个传说被作为评选材料进行申报，且在龙舟竞渡被评为国家非物质文化遗产后，这两个传说被作为宣传当地民族文化、旅游开发之用。

---

①　于 2014 年 6 月 21 日，与施洞苗族独木龙舟协会主席刘昌乾的访谈记录。

②　于 2014 年 6 月 21 日，与施洞苗族独木龙舟协会主席刘昌乾的访谈记录。

③　贵州省编辑组：《苗族社会历史调查（一）》，贵州民族出版社 1986 年版，第 231～232 页。

④　贵州省编辑组：《苗族社会历史调查（一）》，贵州民族出版社 1986 年版，第 231～232 页。

三、苗歌"斩龙传说"的分析

以上几种流传广泛的苗族龙舟起源传说，都是经过苗语汉译而来，除了关于斩龙的关键叙事没变，其中细节却是省略了许多。其民间用苗语广泛流传的苗族大歌《斩龙传说》①，是 2012 年由黔东南苗族歌师勾当（Ghet Dangk 旧州）、隆格（Longk Gek 东坡）、吴通胜（Wuk Tongb Sent 高碑）三人唱诵，由潘家相、龙再成、杨胜林、潘朝光、吴昌政、杨通胜等六人搜集后，在苗语的音译字母标记下标注中文翻译后出版的。在民间，此歌以苗语广泛流传，具体内容如下所示。

苗语音译字母标记、中文翻译

X Dod Dail
斩 龙

Bib diot gid Dod Dail,
咱 唱 路 砍 个 　　　　　咱唱《斩龙》歌，

Maf Vongx ghab jid niol,
杀 龙 深水潭 　　　　　杀龙深潭里，

Diot hxak maix bib ngol,
唱 歌 有 三 节 　　　　　唱歌有三章，

Ait dok maix bib yangl:
织 布 有 三 段 　　　　　织布有三段：

Ghab lob hangd Dod Dail,
脚脚 那 砍 个 　　　　　开头叙"斩龙"，

Maf Vongx Ghab Jid Niol;
杀 龙 深水潭 　　　　　杀龙深水潭，

Ghab diongb hangd Dlak Nongs,
中间 那 求 雨 　　　　　中间叙"求雨"，

Qef eb lol yis dies;
求 水 来 养 苑 　　　　　求雨灌田地；

Ghab guf hangd Hxid Niel,
末尾 那 看锣（鼓） 　　　　　末尾叙"看会"，②

Hxid Vongx diot gid nangl.
看龙 在 下方 　　　　　又叙看龙舟。

Liex denx dliel hangd dangl,
从前 那头头 　　　　　从前的时候，

Jux qib dliel hangd yangl,
以往 那顶端 　　　　　开初的时期，

Dail xid lol liangx lil,
个哪 来 商量道理 　　　　　哪个来商量，

Dok jit hvib lax ghail,
考虑计策 高（高状） 　　　　　哪个来献计，

Dok jit lol dod dail,
考虑计策 来 砍个 　　　　　设计来斩龙，

Maf Vongx Ghab Jid Niol?
杀 龙 深水潭 　　　　　杀龙深潭里？

Juk Hat jef liangx lil,
久 哈 才商量道理 　　　　　久哈来商量，③

Dok jit hvib lax ghail,
考虑 计策 高（高状） 　　　　　久哈来设计，

Dok jit lol dod dail,
考虑 计策 来 砍个 　　　　　设计来斩龙，

Maf Vongx Ghab Jid Niol.
杀 龙 深水潭 　　　　　杀龙深潭里。

Maix yoeb hangd dos lol,
有 冤 何处 来 　　　　　冤从何处来，

Mak bob hangd dos dangl,
砍疙瘩 何处 等 　　　　　仇从何处起，

Juk Hat jef dad dail,
久 哈 才杀 个 　　　　　久哈才杀龙，

---

① 黄平、施秉、镇远县民族宗教事务管理局：《苗族十二路大歌》，贵州大学出版社 2012 年版，第 483～502 页。

② 看会：芦笙会。

③ 久哈：人名，音译。下文有时也称为"久喝"。

Maf Vongx Ghab Jid Niol?
杀　龙　　深水潭　　　　　　　杀龙深潭里？

Daib Vongx ait hvib liel,
儿龙　做　心　坏　　　　　　龙子起歹心，

Nongx Juk Hat laix dial,
吃　久　哈个儿子　　　　　　吃久哈儿子，

Laix daib vangt hangd vangl,
个儿子年轻人头头寨　　　　　久哈怒火升，

Maix yoeb hangd nend lol,
有　冤　那里　来　　　　　　有冤那里起，

Mak bob hangd nend dangl,
砍疙瘩　那里　等　　　　　　仇恨那里升，

Juk Hat jef dad dail,
久　哈才砍个　　　　　　　　久哈才斩龙，

Maf Vongx Ghab Jid Niol.
杀　龙　　深水潭　　　　　　报仇解心恨。

Ob hxid dad sax lil,
我们看　又　碰上道理　　　　是什么缘故，

Sit sais gid ghax yel,
差错　的　哪样　　　　　　　是哪样原因，

Vongx daib jef nongx dial,
龙　　儿　才吃儿子　　　　　龙子才伤人，

Juf hek nenx joed mongl?
久　喝　他儿子去　　　　　　才把他儿吞？

Juk Hat zaid dies xongt,
久哈　家　个男孩　　　　　　久哈家的儿子，

Mongl wix ghabdish sat,
去拢　脚　泥沙　　　　　　　去到河滩边，

Mongl hangd nend xangt nait,
去　　那里　放钓　　　　　　去那里钓鱼，

Nait gos Vongx zaid xongt,
钓　着　龙家男孩　　　　　　钓着龙子身，

Vongx diab jef lat qit,
龙　　儿　才生气　　　　　　龙子才生气，

Jef nongx nenx dies xongl.
才　吃　他个男孩　　　　　　才把他儿吞。

Dail xid dail hliod hniangd,
个哪个聪明　心　　　　　　　哪个好心肠，

Bongf Vongx nongx nenx dial,
见　龙　吃　他　男　　　　　见他儿伤身，

Xangs ab ghet dail lul,
告诉阿公　个老人　　　　　　回来告诉他，

Hfaib hveb ait xid ghangd?
分话　做　如何　说　　　　　话是如何讲？

Xox jub daib ved liod,
那些　小孩　守牛　　　　　　那些看牛娃，

Xangs ab ghet dail lul,
告诉阿公　个老　　　　　　　告诉公久哈，

Xangs nenx ait xid nongd:
告诉　他　做　这样　　　　　这样告诉他：

"Hnaib nangd bid ved liod,
天　今我们守牛　　　　　　　"今天咱放牛，

Bongf ghais nangb dad dad,
见　条　蛇　长　长　　　　　见条蛇很大，

Nongx mongx zaid dail jid."
吃　你　家个小孩　　　　　　吃去你娃娃。"

Xox jub daib ved liod,
那些　小孩守牛　　　　　　　那些看牛娃，

Xangs nenx ait xid nen,
告诉　他　做　那样　　　　　这样告诉他，

Juk Hat dad liangx hseid,
久　哈又　商量话　　　　　　久哈老人想，

Dok jit ait gid xid?
考虑计策　做哪样　　　　　　准备做哪样？

Xox jub daib ved liod,
那些　小孩守牛　　　　　　　那些看牛娃，

Xangs nenx ait xid nend,
告诉　他　做　那样　　　　　那样告诉他，

Nenx hulk hvid xid xid,
他　焚烧　心（难受状）　　　他十分悲伤，

Hvik niox ib xeed hsaid,
舀　了　一碗米　　　　　　　急忙舀碗米，

Ghax gob liob mongl bud.
就（不停走）去　占卜　　　求师看凶祥。

Juk Hat dib xeed hsaid,
久　哈拿　碗来　　　　　　　久哈拿碗来，

Nenx gob liob mongl bud,
他（不停走）去 占卜　　　求师看凶祥，
Sax dail xid ved hseid,
碰上 个哪 说 话　　　找到哪一个，
Hfaib hveb ait xid ghangd?
分话 做如何 说　　　对他说哪样？
Nenx gob liob mongl bud,
他（不停走）去 占卜　　　久哈去占卜，
Sax niox ib bad gud,
碰上了一个小伙　　　找到一师傅，
Ghab Dux daib bad gud,
革家个汉子 聪明　　　革家的能人，
Nenx gob liob lol bud,
他（不停地）来 占卜　　　请他来占卜，
Hfaib hveb ait xid nongd;
分话 做 这样　　　卜后这样讲；
"Ax dios Nangb dad dad,
不 是 蛇 长长　　　"那不是大蟒，
Dios ab Vongx zaid joed,
是 阿龙 家小孩　　　那是龙公子，
Nongx mongx daib dad hangd."
吃 你 儿子(独子)　　　吃你家儿郎。"
Ghab dux daib ved hseid,
革家 儿 说 话　　　革家的师傅，
Hfaib hveb ait nend nongd;
分话 做那样 讲　　　卜后这样讲；
Juk Hat dad ved hseid,
久 哈又说 话　　　久哈听见了，
Hfaib hved ait xid ghangd?
分话 做如何 说　　　他又说哪样？
Juk Hat ghax ved hseid,
久 哈就说 话　　　久哈听说后，
Hfaib hveb ait nongd ghangd：
分话 做这样 说　　　接着这样讲：
"Dlak mongx bob dial gud,
请 你 个哥小伙　　　"有劳师傅你，
Dlak mongx mongl said hangd,
请 你 去杀头　　　讨你下海去
Maf Vongx Ghab jid niol."
杀 龙 深潭里　　　杀死那恶龙。"

Ob hxid bob dial gud,
我们 看 个哥 小伙　　　再看那师傅，
Ghab Dux daib bad gud,
革家 个汉子 聪明　　　革家的能人。
Nenx dail hfaib bad hseid,
他 个 分 句话　　　他又来开口，
Hfaib hveb ait xid ghangd?
分话 做如何 讲　　　怎样来分明？
Ghab Dux daib ved hseid,
革家 个 说话　　　革家的师傅，
Hfaib hveb ait xid nongd：
分话 做 这样　　　这样来分明：
"Wil jef bongb gid bud,
我 才 会 占卜　　　"我只会占卜，
Hsent gos niangb diod nend,
算 着 在哪里　　　算出在哪里，
Wil ax bongb gid said,
我 不 会 杀头　　　我不会杀龙，
Maf Vongx Ghab jid niol.
杀 龙 深潭里　　　杀龙深潭里，
Mongx mongl vangs bad hliod,
你 去 找 个聪明　　　你去找能人，
Vangs bad yus hangd god,
找 个汉子 出众　　　找个有出息，
Dlak nenx dail mongl said."
请 他 个 去 杀　　　为你出口气。"
Ghab Dux ait nend ghangd,
革家 做那样 讲　　　师傅这样讲，
Nenx mongl vangs bad hliod,
他 去 找 个聪明　　　他去找能人，
Hvob leit fangb gid xid,
找 到 村哪里　　　找到哪个村，
Vangs jas ib bad hilod,
寻 遇 一个聪明　　　遇见哪个人，
Dail nend dib hseid ghangd,
个 那 打话 说　　　他叫什么名，
Sos bat gol gid xid?
凿名 叫 哪样　　　他是什么姓？
Juk Hat vangs bad hliod,
久 哈寻 个 聪明　　　久哈找能人，

Mongl leit fangb vangl Nangl ,
去　到　村　下长坡　　去到下长坡，①
Vangs jas ib bad gud ,
找　遇一　个汉子　　找到一能人，
Gol ait Jenb Teid Hleid.
叫　做　金　推　磊　　名叫金推磊。②

Ob hxid Jenb Teid Hleid ,
我们　看　金　推　磊　　咱看金推磊，
Nenx dail qab gid hsongd ,
他　个　差　的　骨　　因为啥缘故，
Qab gid sit gid xid ,
差　件事　什么　　又是啥原因，
Jef gol Jenb Teid Hleid ?
才　称　金　推　磊　　才叫金推磊？
Bel seix mongl gid ved ,
伙伴　也　去　方向　山上　　人人勤劳动，
Ait gheb mongl jeed jeed,
做　活　也　　急急　　个个种庄稼，
Nenx dail ngil gid niat ,
他　个懒　极了　　他是个懒汉，
Hnaib hnaib niangb zaid hxud ,
天　天　在　家　站　　天天闲在家，
Jef gol Jenb Teid Hleid.
才　叫　金　推　磊　　才这样叫他。
Hvob ab Jenb Teid Hleid ?
找　阿　金　推　磊　　找到金推磊，
Dlak nenx mongl dod shaid ,
请　他　去　砍　根　　请他去杀龙，
Maf Vongx Ghab Jid Niol ,
杀　龙　深渊里　　杀龙深潭里，
Nenx dail hfaib bad hseid ,
他　个　分　个话　　他听他开口，
Hfaib hveb ait xid ghangd?
分话　做　如何　说　　怎样来答对？
Jenb Teid Hleid vud lil ,
金　推　磊说　道理　　金推磊答对，

Bet lot ait nongd lol :
张开嘴　做　这样　来　　开口这样说：
"Dex mongx mongl dod dail ,
跟　你　去　砍　个　　"请我去杀龙，
Maf Vongx Ghab Jid Niol ,
杀　龙　深渊里　　杀龙深潭里，
Mongx baib not xus liangl ,
你　送多少银两　　你拿多少银，
Not xus nix diub bil?"
多　少　银　到手　　送到我手里？"
Nenx dail ait nend gol ,
他　个　做　那　喊　　金推磊对答，
Ait nend od ghat lol ,
做　那样　讲价　来　　这样来讨价，
Ob hxid Juk Hat dail ,
我们　看　久　哈　个　　再看那久哈，
Nenx dail dad vud lil ,
他　个　又说　理　　他又说些啥，
Bet lot ait ghax yel?
张开嘴　做　什么　　如何回答他？
Juk Hat ghax vud lil ,
久　哈　就说道理　　久哈来问话，
Bet lot ait nongd lol :
张开嘴　做　这样　来　　开口这样讲：
"Mongx ed not xus liangl ,
你　　要多少　两　　"你要多少两，
Not xus nix diub bil ,
多　少　银　到　　多少银到手，
Mongx dail jef hangt mongl ,
你　个才　愿　去　　才愿走一趟，
Dex will mongl dod dail ,
帮　我　去　杀　个　　帮我去报仇，
Maf Vongx ghzb jid niol?"
杀　龙　深渊里　　杀死那恶龙？"
Jenb Teid Hleid vud lil ,
金　推　磊说　理　　金推磊答话，

① 下长坡:寨子名,在黄平县加巴乡境内。
② 金推磊:人名,音译。"金"是本名,"推磊"在苗语里是好吃懒做之意。

Bet lot ait nongd lol：

张开嘴 做 这样 来　　　　　　开口这样讲：

"Wil ed xongs bat liangl，

我 要 七 百两　　　　　　"我要七百两，

Xongs bat nix leit bil，

七 百银 到 手　　　　　　送到我手上，

Wil jef mongl dod dail，

我 才 去 砍 个　　　　　　我才去一趟，

Maf Vongx ghab jid niol."

杀 龙 深渊里　　　　　　帮你杀恶龙。"

Nenx dail ait nend gol，

他 个 做那样 喊　　　　　　金推磊开口，

Ait nend aod ghat lol，

做 那讲价 来　　　　　　讨价要银两，

Juk Hat dad vud lil，

久 哈 又说 理　　　　　　久哈又说话，

Bet lot ait dos lol?

张开嘴 做 如何来　　　　　　开口说哪样？

Juk Hat ghax vud lil，

久 哈 就说 理　　　　　　久哈又说话，

Bet lot ait nongd lol：

张开嘴 做 这样 来　　　　　　开口这样讲：

"Wil xus nix xus liangl，

我 少银 少两　　　　　　"我家不富有，

Ax maix not nend yol，

没 有 多那样 了　　　　　　没多少银子，

Baib mongx bib bat liangl，

送 你 三 百两　　　　　　就送三百两，

Dlak mongx Jenb bod dial，

求 你 金 哥哥　　　　　　请你帮个忙，

Maf Vongx ghab jid niol."

杀 龙 深渊里　　　　　　海里杀恶龙。"

Baib nenx bib bat liangl，

送 他 三 百两　　　　　　送他三百两，

Bib bat nix leit bil，

三 百银 到 手　　　　　　送到他手上，

Nenx dail seix niangt mongl，

他 个 也 愿 去　　　　　　金推磊帮忙，

Nenx dail ax niangt mongl?

他 个 不 愿 去　　　　　　还是不帮忙？

Baib nenx bib bat liangl，

送 他 三 百两　　　　　　送他三百两，

Bib bat nix leit bil，

三 百银 到 手　　　　　　送到他手上，

Nenx dail ghax niangt mongl，

他 个 就 愿 走　　　　　　金推磊愿去，

Maf Vongx ghab jid niol.

杀 龙 深渊里　　　　　　愿帮这个忙。

Gad gad ax dod dail，

次 次 不砍 个　　　　　　次次不杀龙，

Gad nangd ghax dod dail，

次这 就 砍 个　　　　　　这次要杀龙，

Maf Vongx ghab jid niol.

杀 龙 深渊里　　　　　　去深潭杀龙，

Dail xid dail hilod lal，

个哪个 聪明 漂亮　　　　　　哪个最聪明，

Dail xid yangl nenx gongl，

个哪 领 他 路　　　　　　哪个来领路，

Tut xongt baib nenx mongl?

指 路 送 他 走　　　　　　他才去得拢？

Ghab Dux daib hilod lal，

革家 儿聪明 好　　　　　　革家一能人，

Nenx dail lol yangl gongl，

他 个 来 领 路　　　　　　他来把路领，

Tut xongt baib nenx mongl，

指 路 送 他 去　　　　　　指给金推磊，

Mongl wix ghab jid niol，

去 到深渊里　　　　　　领他去潭底，

Mongl hangd nend dod dail，

去 那里杀 个　　　　　　去那里杀龙，

Maf Vongx ghab jid niol.

杀 龙 深渊里　　　　　　报仇解心恨，

Ob hxid Jenb Teid Hleid，

我们 看金 推 磊　　　　　　咱看金推磊，

Nenx dail dad liangx hseid，

他 个 又 商量话　　　　　　他又在设计，

Dok jit ait ghax xid，

考虑 计策 做 什么　　　　　　考虑用啥计，

Jefsangt ab Vongx jid?

才 砍断 阿龙 公子　　　　　　才去杀龙子？

Ob hxid Jenb Teid Hleid，
我们 看 金 推 磊　　　　　咱看金推磊，
Nenx dail dios bad hilod，
他 个 是 个聪明　　　　　是个聪明人，
Dios bad yus hangd god，
是 个汉子 顶端　　　　　是个大豪杰，
Bab duik dex ghab dlad，
佩 刀铜 腰 间　　　　　铜刀腰间佩，
Hliongk dail bongx ebhlod，
钻 了 滩 水 淌　　　　　去到水滩边，
Mongl sos Vongx laib zaid，
去 到龙 个 家　　　　　潜往龙王殿，
Bangf Vongx dlaib qid qid，
见 龙 睡着（安睡状）　　龙子睡正甜，
Dliof diuk dex ghab dlad，
扯 刀铜 腰 间　　　　　腰间抽利刀，
Sait daik Vongx ghab ghongb，
砍断了龙 颈项　　　　　把龙颈砍断，
Pat daik Vongx laib dliud.
剖 了龙 个 心子　　　　剖腹把心摘。
Ob ngit Jenb Teid Hleid，
我们 看 金 推 磊　　　　咱看金推磊，
Sait daik Vongx ghab ghongb，
砍 断龙 颈子　　　　　把龙颈砍断，
Pat daik Vongx laib dliud，
剖 了龙 个 心　　　　　剖腹把心摘，
Ob ngit dad qab hsongd，
我们 看又 差 骨　　　　出了什么事，
Sit sais gid ghab xid?
差错 的 哪样　　　　　涉及到哪村？

Sait Vongx ghab ghongb mongl，
砍断龙 颈子 去　　　　砍断龙颈子，
Pat Vongx laib dliud ngangl，
剖龙 个 心子 吞　　　　剖腹来挖心，
Vongx nix ail ghaix ail，
龙 哼嗡 嗡嗡　　　　　龙痛哼阵阵，

Bet hsab dab ful liul，
响 震 及 地下（到处响状）　震得大地抖，
Qent leit Xangb Kad vangl.
震 到 山凯 寨　　　　　波及山凯村。
Jenb Teid dail dod dail，
金 推 个 砍 个　　　　金推磊杀龙，
Maf Vongx ait baf ngol，
杀 龙 做几节　　　　　砍成几大节，
Baf ngol mongl baf dangl，
几节 去 几头　　　　　漂出水面上，
Baf ngol pub lax bail?
几节 漂（漂浮状）　　　几节去几方？
Jenb Teid dail dod dail，
金 推 个 砍 个　　　　推磊把龙斩，
Maf Vongx ghab jid niol，
杀 龙 深渊里　　　　　杀龙在深潭，
Maf ait jangx bib ngol，
杀 做 成 三节　　　　砍成三大节，
Bib ngok pub lax bail.
三节 漂（漂浮状）　　　漂出水面来。
Jenb Teid Hleid gas hxangt，
金 推 磊 亮 心　　　　金推磊真行，
Maf Vongx ghab jid lit，
杀 龙 深潭里　　　　　杀龙深潭里，
Ab Vongx dad qot hangt，
那龙 又 发臭　　　　　腥气一阵阵，
Leit jox fangb xid qat?
到 个 寨哪里　　　　　臭到哪个村？
Maf Vongx ghab jid lit，
杀 龙 深潭里　　　　　杀龙深潭里，
Ab Vongx dad qot hangt，
那龙 又 发臭　　　　　腥气一阵阵，
Leit jox fangb Bod Hangt，
到 个 村 包项　　　　臭到包项村，①
Maix gux ait nend ait，
有 典故 做 那样 做　　有古这样起，
Niangx nangd jef dot bit，
年这 才 得 名字　　　　如今那寨子，

① 包项：地名，音译，即今黄平县山凯乡的大坪村。"包"，坡的意思；"项"，即"臭"的苗语。

Gol nenx ait Bod Hangt.
叫 它 做 包项　　　　才叫"包项"村。

Ob hxid Jenb Teid Hleid ,
咱 看 金 推 磊　　　　咱看金推磊,

Maf Vongx ghab jid had ,
杀 龙 深渊里　　　　杀龙深潭里,

Hangt jox hsub gid gheid ,
臭 股 腥气 极了　　　一阵阵腥气,

Leit jox fangb gid xid?
到 个 村哪里　　　　直冲到哪里?

Hangt jox hsub bongt gheid ,
臭 股 腥气 极 了　　一阵阵腥气,

Hangt daxleit wangs od ,
臭 来 到 王 坳　　　直冲王坳村,[①]

Dongx dol jul dak qid ,
大伙 抵不起　　　　大伙受不了,

Laix laix sail qot od ,
个 个 尽 呕吐　　　　人人尽恶心,

Maix gux aitlike nend ,
有 典故 做 那样　　　有典这样起,

Niangx nangd jef dot hseid ,
年这 才 得话　　　　如今这个寨,

Gol nenx ait Wangs od ,
叫 它 做 王 坳　　　才叫"王坳"村。

Maf Vongx ait bib ngol ,
杀 龙 做 三节　　　　砍龙成三节,

Bib ngok pub lax bail ,
三节 漂(漂浮状)　　浮出水面上,

Des eb hliel lal mongl ,
随 水 大 流 去　　　顺水往下漂,

Lal sos dail xid vangl?
漂流 到个哪寨　　　漂到啥地方?

Maf Vongx ait bib ngol ,
杀 龙 做 三节　　　　砍龙成三节,

Bib ngok pub lax bail.
三节 漂(漂流状)　　浮出水面来,

Khob Vongx des eb lal ,
头 龙 随水流　　　　龙头随水漂,

Lal leit Zenx Eb vangl;
流到 平寨 寨　　　　流到了平寨;

Jid Vongx des eb lal ,
身龙 随水流　　　　龙身随水流,

Lal leit Hsod Xangx dlangl;
流到 施洞 坪　　　　流到施洞口;

Dad Vongx des eb lal ,
尾龙 随水流　　　　龙尾随水走,

Lal leit dliel Nangl Dliangl.
流到 那胜秉　　　　到胜秉停留。[②]

Maf Vongx ghab jid niol ,
杀 龙 深渊里　　　　杀龙深潭里,

Ghab gongx vib dangl nangl ,
脚 石板 下方　　　　潭底去杀龙,

Qent leit jus ghax yel ,
震 到处所 哪里　　　惊动到哪里

Ax leit jus ghax yel?
不 到处所 哪里　　　或者没响动?

Maf Vongx ait bib ngol ,
杀 龙 做 三节　　　　杀龙成三节,

Bib ngok pub lax bail ,
三节 漂(漂浮状)　　三节漂水面,

Qent leit Vongx zaid nal ,
震 到龙 家娘　　　　惊动那龙宫,

Mif Vongx zuk mongl nangl ,
母龙 逃 去 下方　　　龙母往东逃,

Bak Vongx zuk mongl bil ,
父龙 逃 去 上方　　　龙公朝西跑,

Ghab waix sait gul niul ,
天上 阴沉沉　　　　天上阴沉沉,

Ghab dab sait gul niul ,
大地 黑沉沉　　　　大地黑黢黢,

Eb fangx eb niel lol ,
水 黄 水 浑 来　　　洪水猛上涨,

---
① 王坳:地名,音译,苗语"od"是"呕吐"的意思。
② 平寨、施洞、胜秉三地,均是施秉县境内清水江边的地名。

Lol hsab dab ful liul.
来响　地（阵阵响状）　　　　　遍地淹没尽。

Zek ghab waix gul niul ,
黑　天上　（黑状）　　　　　天上阴沉沉，

Zek ghab dab gul niul ,
黑　大地　（黑状）　　　　　大地黑黢黢，

Eb fangx eb niel lol ,
水　黄　水浑来　　　　　　洪水猛上涨，

Lol hsab dab ful liul ,
来响　地（阵阵响状）　　　　大地淹没尽，

Lol jangx baf hniut dangl ,
来　成　几　年　半　　　　淹了几年半，

Baf niangx duf xux dlial?
几　年　（一周期）　　　几个年头整？

Eb fangx eb niel lol ,
水　黄　水浑来　　　　　　洪水泛滥来，

Lol hsab dab ful liul ,
来响　地（到处响状）　　　　到处淹没尽，

Lol jangx bib hnaib dangl ,
来　成　三　天　半　　　　淹了三天半，

Bib hmangt duf xux dlial.
三　夜　（一周期）　　　三昼夜整整。

Maf abVongx qot das ,
杀　阿　龙　已死　　　　把龙子杀了，

Ghab waix niel lad dlais ,
天上浑（浑浊状）　　　　天地昏沉沉，

Vongx dad eb mongl niangs ,
龙　担水　去　浇　　　　龙王两头跑，

Hob dad dul mongl lies ,
雷　担　火　去　烧　　　烈日似火烧，

Ghab waix ax hxid nongs ,
天上　不　降　雨　　　　天上不降雨，

Qeed lix dos qeed las ,
丘　田　像　丘土　　　　田禾尽枯焦，

Jux ghab baib lad mais ,
散场　灰尘（灰层层状）　　灰尘随风跑，

Ghab kongb gangb mod das ,
虫虾　水蛊　死　　　　　鱼虾全死掉，

Dangx dol dad dongt nios ,
大伙　又　思考　　　　　大家来商议，

Liangx hxangb xid ait dos?
商量　　　些　做　如何　　商量如何搞？

Ghab waix ax los nongs ,
天上　不　落　雨　　　　天上不降雨，

Ax maix eb yis dies ,
没　有　水　养苋　　　　没水养禾苗，

Dangx dol ghax dongt nios ,
大伙　就　思考　　　　　大家来商量，

Liangx hxangb mongl dlak nongs.
商量　　　去　求　雨　　求雨把苗浇。

Dlak　nongs
求　雨

Gad gad ax dlak nongs ,
次　次　不　求　雨　　　次次不求雨，

Gad nangd dad dlak nongs ,
次这　又求　雨　　　　这次又求雨，

Dail xid dail hxangt gas ,
个哪　个　心　明亮　　　哪个有本领，

Dlak Vongx lol ait nongs?
求龙　来　做　苗　　　　求龙王降雨？

Ab Liuk jef hliod liel ,
那龟　才　聪明　心　　　乌龟有本领，

Dlak nenx mongl gid nangl ,
求　它　去　　下方　　　请它去东方，

Gol mif Vongx diangd lol ;
喊　母龙　　转　来　　　叫龙母回乡，

Nail Lius dulb hliod liel ,
黄鳝　白聪明　心　　　　白鳝有本领，

Dlak nenx mongl gid bil ,
求　它　去　上方　　　　请它去西方，

Gol bak Vongx diangd lol ;
喊　父龙　　转　来　　　叫龙公回乡，

Dlak ab Liuk mongl gol ,
请　那　乌龟　去　喊　　请乌龟去喊，

Mif Vongx diangx(d) diangd lol?
母龙　　转不转　来　　龙母转不转？

Dlak nail Liuk mongl gol ,
请　黄鳝　去　喊　　　请白鳝去喊，

Bak Vongx diangx(d) diangd lol?
父龙　　转不转　来　　龙父转不转？

Mif Vongx ax niangt lol ,
母龙 不 愿 来 　　　　　　龙母不愿转，

Bak Vongx sax niangt lol ,
父龙 也不 愿 来 　　　　　龙父不愿转，

Laib waix hxent gil xil ,
个 天 赤(赤状) 　　　　　　天旱不降雨，

Sax dot eb hxangd mangl ,
也不得水 熟 麦 　　　　　没水浇稻麦，

Ax dot laib yis nal ,
不 得 个(颗粒)养 妈 　　　无粮养老人，

Ax dot laib yis yil.
不 得颗粒 养 年轻 　　　　无粮养小孩。

Ax maix eb yis dies ,
没 有水 养苑 　　　　　　没水灌庄稼，

Ax dot laib yis mangs ,
不 得颗粒养 娘 　　　　　无粮养阿妈，

Dangx dol dad dongt nios ,
大伙 又 盘算 　　　　　　大家又筹划，

Liangx hxangb xid ait deis?
商量 　　些 做 如何 　　商量来做啥？

Ax maix eb yis dies ,
没 有水 养苑 　　　　　　没水灌庄稼，

Ax dot laib yis mangs ,
不 得颗粒养 娘 　　　　　无粮养阿妈，

Dangx dol ghax dongt nios ,
大伙 就 盘算 　　　　　　大家就筹划，

Liangx hxangb mongl dlak nongs ,
商量 　　去 求 雨 　　　商量去求雨，

Dlak eb lol yis dies.
求 水 来 养苑 　　　　　求雨灌庄稼。

Dail xid dail hxangt gas ,
个哪个 心 明亮 　　　　　是哪个聪明，

Dail xid lol ait xangs?
个哪 来 做 师傅 　　　　　他来当师傅？

Nenx dail dad dongt nos ,
他 个 又 思考 　　　　　用啥做祭品，

Dad ghab xid dlak nongs?
拿 什么 求 雨 　　　　　他才去求雨？

Dail hxob lul hxangt gas ,
个师傅 老 心 亮 　　　　有个老师傅，

Nenx dail lol ait xangs ,
他 个 来 做师傅 　　　　他是个能人，

Ed dail gheib dail gas ,
要 只鸡 只鸭 　　　　　要只鸡和鸭，

Dad dol nend dlak nongs.
拿 那些 求 雨 　　　　　拿这做祭品。

Ob hxid dail ghet xangs ,
我们 看个 　　师傅 　　再看那师傅，

Dail hxob lul hxangt gas ,
个师傅 老 心 明亮 　　　再看这能人，

Nenx wix neel ghot deis ,
他 到处所 什么 　　　　他往哪里去，

Mongl hangd deis dlak nongs?
去 何处 　求 雨 　　　去哪儿求雨？

Dail hxob lul hxangt gas ,
个师傅 老 心 亮 　　　　师傅是能人，

Mongl wix bob bil vas ,
去 到 山坡 尖 　　　　去到山坡尖，

Bob jex sangx dangl jes ,
坡 九层 上方 　　　　　去到九层巅，

Mongl hangd nend dlak nongs.
去 那里 求 雨 　　　　去那儿求雨。

Mongl wix bob bil vas ,
去 到 山坡 尖 　　　　去到山坡尖，

Bob jex sangx dlak nongs ,
坡 九层 求 雨 　　　　坡顶上求雨，

Dail xid dail hxangt gas ,
个哪个 心 亮 　　　　　哪个好心肠，

Dail xid lol lot mas ,
个哪 来 嘴讲 　　　　　它才来讲清，

Hfaib hveb xid ait deis ,
分话 些 做 如何 　　　话是如何讲，

Vongx naljef ait nongs ,
龙 妈 才 做 雨 　　　龙母才治水，

Jef dot eb yis dies?
才 得 水 养苑 　　　　才得水养秧。

Vongx dail dad hxangt gas ,
龙 子 又 心 亮 　　　龙子好心肠，

Xangt dliangb bangt qot xangs :
放（托梦）梦　　告诉　　　托梦这样讲：

"Mangx ed eb yis dies ,
你们　要水　养苑　　　　"你要水灌秧，

Mangx ed laib yis mangs ,
你们　要颗粒 养娘　　　你要地长粮，

Ghax mongl vangs det deis ,
就　　去寻 树 壮实　　　就去找棵树，

Gif jox niangx vut yangs ,
剜 条 船 好 样　　　　剜船访龙样，

Qab niangx diot gid niangs ,
划　船　在 里面（下方）　下方划龙船，

Hxid gix giot gid jes ,
看芦笙　在 上方　　　　上方去踩堂，

Vongx nal jef diangd sos ,
龙　妈 才 转 到　　　　龙母才转心，

Jef diangd lol ait nongs ,
才 转　来 做　雨　　　回来把雨降，

Jef dot eb yis dies ,
才 得 水 养苑　　　　有水灌庄稼，

Jef dot laib yis mangs."
才 得颗粒 养 娘　　　　得粮养老娘。"

Hxid Vongx Hxid Niel
看龙看鼓

Gad gad ax qid niel ,
次　次 不 起 鼓　　　次次不起鼓，[1]

Gad nangd ghax qid niel ,
次这　就求 雨　　　这次就起鼓，

Qid gix giot gid bil.
起 笙 在 上方　　　上方吹芦笙，

Dail xid dail hliod lal ,
个哪 个 聪明 好　　　谁是聪明人，

Dail xid dail ghangd lil ,
个哪　来 说 理　　　是谁出主意，

Dok jit ait ghax yel ,
考虑 计策 做 什么　　怎样来设计，

Jef jangx laib qid niel ,
才 成 个 起 股　　　怎样来议定，

Qid Vongx diot gid nangl ,
起龙　在　下方　　　下方划龙船，

Qid gix diot gid bil?
起 笙 在 上方　　　上方吹芦笙？

Lol Xangb dios bad lal ,
劳 香　　是个好　　　劳香是好汉，[2]

Dios bad yus hangd dul ,
是 个汉子头 柴　　　是个聪明人，

Nenx dail lol vud lil ,
他 个 来 说 理　　　他来发议论，

Dongf lot pud lax bail :
说　嘴（不停说状）　　对着大家讲：

"Hvit vongs dax bib mongl ,
快点　来 我们 去　　　"大家赶快点，

Dlief ab Vongx fal lol ,
拉 阿龙 起 来　　　拉龙子起来，

Ghab waix jef diangd niel ,
天上　才 转 好　　　才风调雨顺，

Jef maix eb hxangb mangl ,
才 有 水 熟 麦　　　才有水灌田，

Jef dot laib yis nal."
才 得颗粒 养 妈　　　五谷才生长。"

Dangx dol dad dok jit ,
大伙　　又 考虑 计策　　大家来商议，

Liangx hxangb xid deis ait ,
商量　　些 如何 做　　商量如何办，

Jef jangx laib hangd tiet ,
才 成 个 那 拉　　　为龙找替身，

Dlief Vongx daib fal leit ,
拉龙　子 起 到　　　拉龙子起来？[3]

Dangx dol ghax dok jit ,
大伙　就 考虑 计谋　　大家就盘算，

---

① 起鼓，就是开始跳铜鼓舞；起龙，就是开始划龙船；起笙，就是开始吹奏芦笙和跳芦笙舞。

② 劳香：人名，音译。

③ 起来：就是活转来的意思。

Liangx hxangb mongl vangs det ,
商量　　　去寻　树　　　　商量去伐树，
Vangs jib deix lol sait ,
寻　杉　直来　砍　　　　寻根直杉树，
Gif jangx dail Vongxdet ,
剡　成　条　龙木　　　　剡成条龙船，
Jef jangx laib hangd tiet ,
才　成　个　那　拉　　　为龙子替身，
Dlief Vongx daib fal leit ,
拉龙　子起　到　　　　拉龙子起来。
Gif jangx dail Vongxdet ,
剡　成　条　龙木　　　　龙船剡成了，
Niangb dal dail Vongx dlot ,
还　差　条　龙鳞　　　那条有鳞龙，①
Gad gad ax qot dlit(s) ,
次　次　不　安排（处置）　需将它处理，
Gad nangd ghax qot dlit :
次这　就　安排　　　　要把它分配：
Hsongd Vongx dad qot dlit ,
骨头　龙又　安排　　　龙骨要处理，
Dlis nenx mongl deis hxet ,
安排它去　何处住　　　安排去哪里，
Jef jangx diel xid leit?
变成　哪样　到　　　变成啥东西？
Ghab lik dad qot dlit ,
皮子　又　安排　　　　龙皮要处理，
Dlis nenx mongl deis vut ,
安排它去　何处好　　　安排去哪里，
Jef jangx diel xid leit?
变成　哪样　到　　　变成啥东西？
Hsongd dangd dad qot dlit ,
肋骨　　又　安排　　　肋骨要处理，
Dlis nenx mongl deis vut ,
安排它去　何处好　　　安排去哪里，
Jef jangx ghab xid leit?
变成　哪样　到　　　变成啥东西？

Dieb Vongx dad qot dlit ,
背脊龙又　安排　　　背脊要处理，
Dlis nenx mongl deis vut ,
安排它去　何处好　　　安排去哪里，
Jef jangx diel xid vut?
变成　哪样　好　　　变成啥东西？

Dieb Vongx ait gongs hsangt ,
背脊龙做　柱　伞　　　脊骨做伞把，
Hsongd Vongx ait vos hsangt ,
骨龙　做　橡　伞　　　肋骨做伞橡，②
Ghab lik lol pet hsangt ,
皮子　做　盖伞　　　皮子来盖伞，
Pet jangx laib hsangt vut ,
盖　成　把　伞　好　　制成伞一把，
Dad nenx baib dol mait ,
拿　它　送那些妹　　　送给姑娘们，
Baib laix xenb mongl khat.
送　个　姑娘　去　客　陪姑娘出嫁。
Mais Vongx dad qot beet ,
眼睛龙又　变化　　　龙眼放一边，
Jef jangx ghab xid leit?
变成　哪样　到　　　变成啥东西？
Dlot Vongx dad qot beet ,
鳞　龙又　变化　　　龙鳞放一边，
Jef jangx ghab xid leit?
变成　哪样　到　　　变成啥东西？
Gib Vongx dad qot beet ,
角龙　又　变化　　　龙角放一边，
Jef jangx ghab xid leit?
变成　哪样　到　　　变成啥东西？
Dliub niux Vongx qot beet ,
胡须　龙又　变化　　　龙须放一边，
Jef jangx ghab xid leit?
变成　哪样　到　　　变成啥东西？
Mais Vongx dad qot beet ,
眼睛龙又　变化　　　龙眼放一边，

---

① 有鳞龙：就是前述被金推磊杀死的那龙子，今有龙船来代替真身，皮、骨等可以处理了。

② 伞橡：即伞骨。

Denb longx lollike dot;
灯笼　来仿　得　　　　　　　变成个灯笼;

Dlot Vongx dlis diongl hsat,
鳞　龙　处理　冲　沙　　　　龙鳞扔沙冲,

Dlot Vos jef mongl leit,
穿山甲　才　去　到　　　　穿山甲去通,

Nenx dail jef qeb dot;
它　个　才　拣得　　　　　拣来作披挂;

Gib Vongx dlis ghot wangs,
角龙　处理　弯弯里头　　　龙角扔弯头,

Ab gib jef mongl jas,
螺蛳　才　去　遇见　　　　螺蛳去遇见,

Nenx dail ghax qot bes,
它　个　就　钻进　　　　　它就往里钻,

Hliongk gob liob mongl niangs,
钻（钻状）　去　里　面　　变成它的壳,

Dlot Vongx diangd lol mus,
鳞　龙　　转　来盖　　　　龙鳞转来盖,

Nenx diangd mid dak sos,
它转　不　到　　　　　　　得进不得出,

Jangx bob gib was dias;
成　个　螺　打转转　　　　走路净打转;

Dail Vongx bangf dliub niu(x),
条龙　的　胡须　　　　　　龙的两根须,

Hliongk lax wab mongl niangs,
钻（不停钻状）去　里面　　滑进螺蛳壳,

Jef jangx gib dliub niu(x).
变成　螺蛳　胡须　　　　　变成螺胡须。

Dlis mongl dail Vongx dlot,
处理　去　条　龙鳞　　　　真龙处理好,

Gif jangx dail Vongxdet,
剜　成　条　龙　木　　　　龙船做成功,

Dangx dol dad dok jit,
大伙　又　考虑　计谋　　　大家来筹划,

Liangx hxangb xid dos ait,
商量　　　如何　做　　　　怎样来商量,

Jef dot eb nongs hvot,
才　得水　雨　滴　　　　　才风调雨顺,

Dongx fangb jef dot vut?
齐　村　才　得好　　　　　大家才安康?

Dangx dol ghax liangx lil,
大伙　就　商量　道理　　　大家来商量,

Dok jit hvib lax ghail,
考虑　计策　高（高状）　　大家来议定,

Dok jit lol qid niel,
考虑　计策　来　起　鼓　　赶快起鼓来,

Qid gix giot gid bil,
起　笙　在　上方　　　　　上方吹芦笙,

Qid Vongx diot gid nangl.
起龙　在　下方　　　　　　下方划龙船。

Qid gix diot diod xid,
起　笙　在哪里　　　　　　吹笙在哪里起,

Qid hed diot diod xid,
赶　集会　在哪里　　　　　赶集在哪里起,

Qid niel diot diod xid,
起　鼓　在哪里　　　　　　跳鼓在哪里起,

Qid mal diot diod xid,
起马　在　哪里　　　　　　赛马在哪里起,

Qid bil diot diod xid,
起　坡　在哪里　　　　　　看会在哪里起,

Qid dliangb diot diod xid?
起　神　在哪里　　　　　　朝庙在哪里起?

Qid gix Bal Was Hed,
起　笙　翁谷陇　　　　　　吹笙在翁谷起,

Qid hed Baik Jib hed,
赶　集会　白基厚　　　　　白基厚起集会,①

Qid niel diot Dangx Deb,
起　鼓　在　党兜　　　　　跳鼓在党兜起,

Qid mal diot Jeex Vob,
起马　在　简窝　　　　　　赛马在简窝起,

Qid bil diot vangx hvib,
起　坡在　岭　高　　　　　看会在高坡起,

---

① 白基厚、党兜、简窝:均地名,音译。

Qid dliangb diot Hangd lul,		
走 神 在 十里桥	东坡和十里桥,①	
Diot Dongb pob gid nangl.		
在 东 坡 下方 朝	庙会那里起。	
Dail xid dail hliod lal,		
个哪 个 聪明 漂亮	谁是聪明人,	
Dail xid lol liangx lil,		
个哪 来 商量 道理	为大家着想,	
Dok jit lol qid niel.		
考虑 计策 来 起鼓	替大家起鼓。	
Qid niangx diot gid nangl?		
起 船 在 下方	起龙船下方?	
Dail xid lol qid lil,		
个哪 来 起理	哪个来创理,	
Qid hxak baib dangx dol?		
起 歌 送 大伙	编歌大家唱?	
Dail xid lol qid ghol,		
个哪 来 起布	哪个来织布,	
Qid dok baib wid niangl?		
起 布 送 少妇	教妇女学纺?	
Dail xid lol qid mangl,		
个哪 来 起 麦	哪个来开荒,	
Qid niak baib dangx dol?		
起饭 送 大伙	教大家种粮?	
Ghet Bod sul Ghet Lol,		
勾 包 和 勾劳	勾包和勾劳,	
Nenx ob lol qid niel,		
他俩 来 起鼓	他俩来起鼓,	
Qab niangx diot gid nangl,		
起 船 在 下方	起龙船下方,	
Hxid gix diot gid bil;		
看 笙 在 上方	起芦笙上方;	
Dios ab Jenb Dangx dail,		
是 阿 金 党 个	是那个金党,	
Nenx ob lol qid lil,		
他俩 来 起理	他俩来创理,	
Qid hxak diot dangx dol,		
起 歌 送 大伙	编歌大家唱,	

Qid dok diot wid niangl;		
起 布 送 少妇	教少妇织纺;	
Dios ab Xangb Ghed Lol,		
是 阿 香 勾劳	是那香勾劳,	
Nenx dail lol qid mangl,		
他 个 来 起 麦	是他来开荒	
Qid niak baib dangx dol.		
起饭 送 大家	教大家种粮。	
Qid gix giot gid bil,		
起 笙 在 上方	上方吹芦笙	
Qid Vongx diot gid nangl,		
起龙 在 下方	下方划龙船	
Fangb nend dib nangx gol,		
村 那 打 名	叫哪里吹芦笙	
Sos bit ghob ghax yel?		
凿 名 叫 什么	何处划龙船?	
Qid gix giot gid bil,		
起 笙 在 上方	上方吹芦笙,	
Diot Dongb Pob Hangd Lul;		
在 东 坡 十里桥	东坡朝庙会,	
Qid Vongx diot gid nangl,		
起龙 在 下方	下方划龙船,	
Diot Zangx Eb hfud vangl.		
在 平寨 寨头	平寨河里赛。	
Qid gix giot gid bil,		
起 笙 在 上方	上方吹芦笙,	
Diot Dongb Pob Hangd Lul;		
在 东 坡 十里桥	东坡朝庙会,	
Qid Vongx diot gid nangl,		
起龙 在 下方	下方划龙船,	
Diot Zangx Eb hfud vangl.		
在 平寨 寨头	平寨河里赛。	
Mif Vongx diangx diangd bil?		
母龙 (转不转)上方	龙母是否转?	
Bak Vongx diangx diangd nangl?		
父龙 (转不转) 下方	龙公是否来?	

---

① 十里桥:地名,在黄平东陂乡境内。

Qid gix giot gid bil ，
起　笙　在　上方　　　　　　　上方吹芦笙，
Diot Dongb Pob Hangd Lul ；
在　　东坡　十里桥　　　　　东坡朝庙会，
Qid Vongx diot gid nangl ，
起龙　在　下方　　　　　　　下方划龙船，
Diot Zangx Eb hfud vangl.
在　平寨头　寨　　　　　　　平寨河里赛。
Yux hveb gix dlangl dlangl ，
响　声　笙（笙声不停响）　　芦笙嗡嗡响，
Bet niel ghod dongl dongl ，
响　铜鼓　咚　　咚　　　　　铜鼓响咚咚，
Hxed hvib naix gangl dangl ，
热　心　人（热心状）　　　　人心暖洋洋，
Mif Vongx ghax lol bil ，
母龙　就　来上方　　　　　　龙母转上来，
Bak Vongx seix ngal nangl ，
父龙　也下来　下方　　　　　龙公回下方，
Bet ghox hod deel leel ，
响　个　雷　隆隆　　　　　　雷声隆隆响，
Eb fangx eb niel lol ，
水　黄　水浑　来　　　　　　大河小河涨，
Jef maix eb hxangb mangl ，
才　有　水　熟　麦　　　　　有水来浇灌，
Jef dot laib yis nal.
才　得　粒　养　老人　　　　大地才长粮。

Maix gux ait nend lol ，
有　典故　做　那样　来　　　有典这里起，
Maix bax ait nend dangl ，
有　排　做那样　等　　　　　有古这里来，
Niangx nangd jef qend niel ，
年这　才　起　鼓　　　　　　如今才跳鼓，
Diangb dliangb diot Hangd Lul ，
抬　　神　在　十里桥　　　　上方朝庙会，
Diot Dongb Pob gid bil ；
在　东坡　上面　　　　　　　东坡吹芦笙；
Qid niangx diot gid nangl ，
起　船　在　下方　　　　　　下方划龙船，
Diot Zangx Eb hfud vangl.
在　平寨头寨　　　　　　　　平寨河中赛。
Diot hxak gid Dod Dail ，
唱　歌　路杀　个　　　　　　这路《斩龙》歌，
Maf Vongx Ghab Jid Niol ，
杀　龙　深渊里　　　　　　　这部《杀龙》词，
Jul hxak hangd nend lol ，
完　歌　那里　来　　　　　　结束在这里，
Jul dok hangd nend sail.
完　布　那里结束　　　　　　织布这里成。
Ob vut vangs jox gongl ，
咱好好找　条　路　　　　　　另外走新路，
Vangs jox xot dax gol.
找　条路来　喊　　　　　　　另外唱新歌。

　　纵观整部苗族大歌《斩龙传说》，其整体分为了三个部分，即①"斩龙"、②"求雨"、③"看会"、龙舟竞渡的开始。其记叙内容明显受汉文学叙事风格的影响，但经过历代苗族民间歌师的加工与再创作，其形式、语言、特点已然形成了苗族典型的叙事型文学。整首歌完整描述了清水江流域龙舟竞渡的由来和经过，其是除汉族文献记录外的，流传于本族之间的历史记录。

　　①斩龙的部分讲述的是，龙杀死了渔夫的儿子，渔夫为了复仇把龙杀死了，也就是说，龙和人类是对立和抗争的。

　　②求雨的部分展现的是龙和雨、龙和天气之间密切的关系。对于人类来说，作为雨神的龙是人类要生存下去所不能缺少的存在。虽然他们之间是对立的，但却是不能缺少的存在。

　　③在龙舟竞渡开始的部分中，人答应了龙的愿望，制造了和龙相似的船，使龙在

河中重生,而龙则用风调雨顺作为礼物赠予人作为回报。这部分讲的是,龙和人的战争,最后是以相互认可、和平共处而结束的。

关于龙舟竞渡的起源传说,如果要导入象征性的解释,则可以看作是和平地化解以龙的形态为化身的自然与人类之间的对立,也就是讲述对和谐的创造与传承。

如果再迈出一步的话,也可以说,斩龙的起源正反映了苗族的生态伦理观。

长期以来,他们其实是很好地和自然和谐共存下来的。近年来,中国的环境破坏和环境污染已经到了深刻的地步。那是由于改革开放政策实施以后,那些缺乏社会正义的偏离轨道的工业经济开发政策带来了不良影响,政府正是对此感到忧虑才出台了相应谋求人与自然和谐共存的政策。即"可持续发展"战略及"和谐"战略等。可以说,苗族的斩龙龙舟竞渡正是体现"可持续发展"战略和"和谐"战略的文化。

第二节　苗族龙舟的构造与制作

苗族龙舟的形态结构、连接方式、船舱形态都别具一格。明朝《镇远州志》中就有对龙舟形制的简短记载:"重安江由胜秉入清江,苗人于五月二十五日,亦作龙舟戏,形制诡异,以大树挖槽为舟,两树并合而成。舟极长,约四五丈,可载三四十人,皆站立划桨,险极。"[①]制作龙舟是龙舟活动的头等大事,且鲜有所见。每个村寨的旧龙舟除非到了难以下水的地步,否则不会制作新的龙舟来代替,同时也要考虑到制作新龙舟所耗费的人力、物力以及财力。从"施洞独木龙舟协会"提供的龙舟制作预算来看,现今制作一条新龙舟,所花费用总计高达 12 万元(如表 4-1)。而据刘主席介绍,在过去制作一只龙舟基本上要举全村之力才能够实施,整个工程浩大。

表 4-1　一条龙舟制作的预算清单

名　称	数量	单位	单价(元)	合计(元)	备　注
香纸	1	件	12	12	
红布	1	张	12	12	
红公鸡	1	只	18元/斤	54	3斤一只
白公鸡	1	只	25元/斤	75	3斤一只
炮火	2	捆	12	24	
火药	0.5	斤	30	15	

---

① 龚传坤编:《镇远州(府)志》,中国地方志集成贵州府县志辑16,明正统镇远州志(清乾隆镇远府志)。

续表

名　　称	数量	单位	单价(元)	合计(元)	备　　注
砍龙树(首斧钱)	2	人/次	120	240	
招龙巫师工价	2	人/次	120	240	
杉木(子舟)	20	根	600	12 000	要求每根长度24米,直径30厘米
大龙头材料	1	根	8 000	8 000	水柳木
小龙头材料	1	根	300	300	
各种染料	12	种	90	1 080	
铁钉	200	斤	18	3 600	制作龙舟用
桐油	120	斤	20	2 400	
麻绒	280	斤	16	4 480	
铁皮	40	张	40	1 600	包龙头用
制造龙舟师傅工价	1	只	9 400	9400	
雕刻大龙头工价	1	个	1 800	1800	
雕刻小龙头工价	1	个	600	600	
杉木(母舟)	3	根	4 000	12 000	
运输费			15 000	15 000	含人工及材料运输
小工工价	600	天	60	36 000	
生活费	600	天	10	6 000	
寻找木料及办理砍伐手续费用			4 500	4 500	
总计				119 432	

资料来源:引自"中国(施洞)苗族龙舟协会"提供的资料,2014年6月17日。

一、龙舟的制作

　　龙舟的龙身由三根巨大、挺直、挖成槽型的大杉树并列而成(母舟1根,子舟2根)。龙头、龙颈则用形如新月、质轻且韧、容易雕刻的大水柳木(苗语称作"det jab jib eb")雕刻而成。这些木料除要求粗大挺直外,还要选其长势匀称好看、枝叶繁茂、不被雷击的大树。这些木料,若氏族和寨子没有,则须向外购买,其价比一般木料高出一倍至数倍,有的甚至要用一头斗牛换。雕龙头用的水柳树比较好找,选中以后,若木主不愿卖则偷砍。木主发现了,也不责骂。但偷砍者一定要把一篮糯米饭、一只公鸡、一壶米酒放在树下,或送到木主家中,以作为礼谢和酬谢。

木料选定或买好后,就要砍树。砍树有一定的规约。首先要选择砍树吉日,一般定于龙年农历十月未日。其次备办供物,由"鼓主"家准备糯米饭若干,活公鸡和公鸭各一只,刀头肉(猪肉)一坨,青布一尺,丝线一绺,生麻一束,酒一壶等等,将其交给砍树人带去敬树脚,然后焚香、烧纸,再将鸡鸭杀死,将血淋在树干上,请山神、树神受献。然后由一知古规古礼、富贵双全的老人向树祈祷:"吉杉啊!请允许我们全氏族将你们砍去做龙舟。愿你庇护老少吉安,子孙昌盛。"祭毕,即由一名事先选好了的有福之人(规定为父母双全,俱有儿女,不续弦的中年男子)先砍一斧,然后大家才开始砍树。在砍树中,要使树梢倒向东方(因东方是苗族迁徙前的故乡)才算吉利。砍制龙头的水柳树时,仪式相同。

图 4-1　龙舟材料的选定

资料来源:NHK"对地球的好奇心"电视节目:《龙船复活——苗寨的火热之夏》,2001 年。

树砍好后,运回途中,沿途亲友都要以酒迎接,并以鸭、鹅、一匹长约一丈的红缎系在龙树上,宾主互相唱祝贺歌。运抵寨子时,全寨男女老少以酒、肉、彩色丝线、绸缎齐来迎接,并欢呼:"龙来了,龙来了!"场面极为热闹。最后,"鼓主"家设宴为砍树的人洗尘。

龙树运抵寨上后,即择吉日制作龙舟。首先准备白公鸡一只和香纸等礼品敬祭保护神"嘎哈"(ghab hvab),求其保护龙舟制作顺利成功。之后,请木匠师傅发墨(木匠师傅的妻子不在孕期和产褥期),划好部位尺寸,然后由氏族和寨上青壮年男子开始制作龙舟。整个龙舟的制作包括:母舟、子舟的制作;龙头的制作;桡(桨)的制作;舵的制作;篙的制作;扁担的制作以及龙舟的组装、试划、调整与保存。运回杉树后的第一个步骤先是给"龙树去皮",俗称"去龙鳞"。第二步骤是舟体的制作,工序主要

图 4-2　砍"龙树"前的仪式

资料来源：NHK"对地球的好奇心"电视节目：《龙船复活——苗寨的火热之夏》，2001 年。

图 4-3　向山神、木神敬酒

资料来源：NHK"对地球的好奇心"电视节目：《龙船复活——苗寨的火热之夏》，2001 年。

有：舟体外形的制作、船舱的开凿、舟体的拼接及舱面板的制作等。第三步是用桐油和石灰的混合物为原料制作腻子，用于腻缝与补平，目的是为防止舟体漏水以及减少在水中航行所受的阻力。第四是铁包箍（见图 4-9），由于现今的舟体有多处拼接，故要在舟体拼接部位和舱面板外援包箍扁铁条。第五是涂抹桐油，至少三遍。桐油具有干燥快、比重轻、光泽度好、附着力强等特点，涂抹后可防水、防腐、防锈。制作舟体

图 4-4 砍"龙树"

资料来源:NHK"对地球的好奇心"电视节目:《龙船复活——苗寨的火热之夏》,2001 年。

图 4-5 运"龙树"

资料来源:NHK"对地球的好奇心"电视节目:《龙船复活——苗寨的火热之夏》,2001 年。

的最后一步是开凿插销口、卡座与插孔。用于安装龙头、小龙,以及组装时用来固定扁担。制作龙舟初具规模后,木匠师傅会再次详细审查,加工修整至完工。

接下来是龙头的制作。龙舟的龙头分为大、小龙头。大龙头包括龙头、龙颈和插销座 3 个部分。龙头和龙颈中空,以减轻重量。使用时用一根木销和麻绳或藤条固定在母舟的头部。制作龙头的人认为龙是 7 种动物的结合体:狮鼻、蛇身、鱼鳞、鸡

图 4-6　龙树去皮（去龙鳞）

图 4-7　开凿船舱

爪、水牛角、鹿角和羊角。龙头的制作工序主要有：选材、粗雕、精雕、制作配件、打磨与安装、上色等六个步骤。

　　第一是选材，把选中的柳树砍成木柸抬回村寨时同样是欢歌迎接，并且人们会向柳木上倒酒敬奉。第二是粗雕，龙头制作要在看好的木柸上画好草图，再根据草图用斧子砍出大体轮廓，然后刳空龙颈与龙头部位，目的是减轻重量，利于竞渡。第三是精雕，细致雕刻出龙头的各个部位：眼睛、鼻子、上颚、下颚、嘴、牙齿、龙脊和 160 片龙鳞。第四是制作配件，龙头的配件主要有 10 只龙鳍、2 只龙耳、2 根毛发、2 根鼻须、2根牛角、2 根鹿角、2 根羊角、6 根龙须、8 根龙眉、一颗龙珠、一条龙舌和一只祥鸟（每个寨子的祥物不同，有鸟、蝉、蜜蜂等等）。制作方法是先根据龙头的尺寸，画出配件

图 4-8　为防水,用石灰作为原料制作腻子腻缝

图 4-9　因太硬用扁铁条抱箍

图 4-10　为防虫防湿在舟体上涂抹桐油

图 4-11　开凿用于安装龙头的插销口

的平面样板,然后在木料上画出配件的雏形,最后进行砍制和雕刻。第五步是打磨与组装,精细地将大龙头各个部位以及配件用打磨机和砂布打磨光滑,再将配件安装入位。第六是上色,在龙头的各个部位上刷上不同颜色的漆,使之看起来活灵活现,栩栩如生。

图 4-12　选用柔韧的水柳木作为龙头的材料

图 4-13 把原木切割成龙头大致的形状

图 4-14 精细部位的雕刻

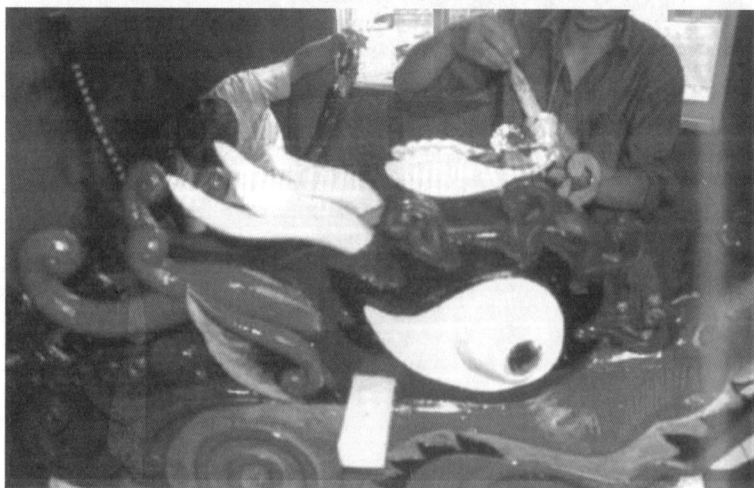

图 4-15 上色

接下来是小龙头的制作,制作过程与大龙头相似,但更精细。先将小龙头的木料整体砍成阿拉伯数字"7"的形状,再在杯料上画出龙头的纹线,然后进行雕刻。完成雕刻后再用砂纸进行打磨,最后上色。

图 4-16 小龙头的雕刻

桡(桨)和舵的制作材料均为杉木,制作工序基本一样,都是选材、粗砍与细制。先将木料截取合适的长度,再去除树皮,然后从两端发墨定线,再用斧子将其砍削成扁圆形的杯料。其次是细制,先在杯料上发墨定线,然后划分桨柄和桨叶,两者长度基本相同。桨柄均呈圆柱形,桡的桨叶上宽下窄,底端套有扁圆形铁箍;舵的桨叶上窄下宽,桨叶较大,且顶端嵌有一个木制短柄,用作把手。最后,刷上桐油便完成制作。

图 4-17 桡(桨)和舵的制作

图 4-18　桡(桨)和舵

　　篙的制作原料为绵竹,制作工序包括:选材与采伐、削制与安装。先将竹子在火堆上烘烤,使其弯曲的部位校正直。然后用刨子将竹节外缘刨削平滑。其次用砍刀将竹的一端削尖并劈出四个 V 形豁口,用布条将尖瓣收拢,套入铁箍,篙的端部形成,然后将细铁锥插入端部,再固定即可。

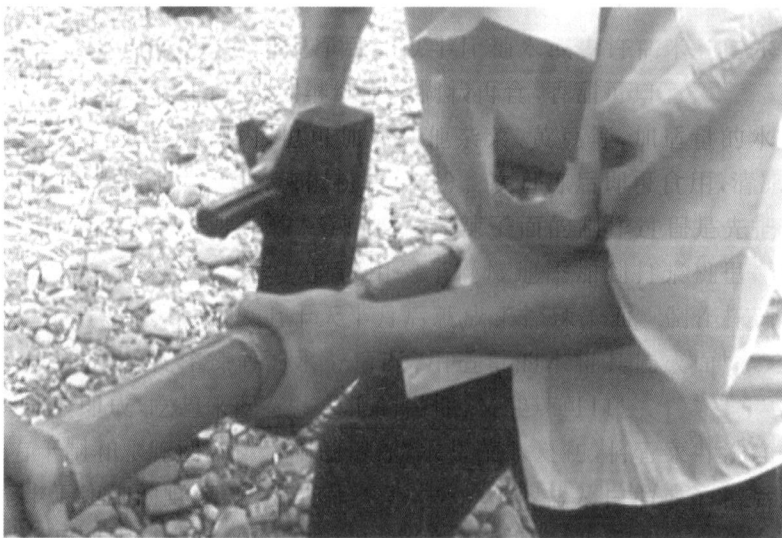

图 4-19　削平竹节

图 4-20　将细铁锥插入篙的端部

　　扁担是固定 3 舟为一体的连杆（见图 4-22、图 4-23），每艘龙舟上有五个扁担，第一个扁担安装在母舟第一舱面板的后部，其余扁担安装在母舟第二至第五舱面板的前部。扁担与舟通过木制销子和竹篾相连接。扁担的材质为水柳木，其木制轻、硬度大、抗弯曲。竹篾的制作方法是将竹子一劈为 4 条后（见图 4-21），用砍刀将竹篾剖出。此外，为减少划行中水进入船舱，在子舟与母舟的细缝间会塞上稻草（见图 4-24）。

图 4-21　竹篾的制作

图 4-22　龙舟组装时所用的扁担的制作

图 4-23　用扁担、竹篾及麻绳把母舟和子舟连接起来

图 4-24　在子舟与母舟的细缝间会塞上稻草

　　最后是龙头的安装。将龙头销座的孔与龙舟头部的销孔相对，由下向上插入销子后用楔块卡紧。销座底部卡口与舟上卡座对拢后，用麻绳将龙头与舟捆绑加固。小龙头插入母舟的第一舱面板上开凿出的孔中即可。龙舟就此制作完成。

　　龙舟造成后，会拉至江中试划一次，事后全氏族和寨上各户会凑钱购酒备菜进行欢宴，以表庆贺。在试划过程中出现的问题，制作龙舟的师傅会再进一步进行调整，主要是解决龙舟的平衡与船舱进水等问题。通常龙舟在制作完成后，需要停放 5 个月以上，使其充分脱水，以减轻重量，下次下水在水中更易滑行。

图 4-25　完成后的苗族龙舟

图 4-26 完成后的试划

二、龙舟的构造及形状

每条龙舟均由三只刳成槽型的独木船只并排捆扎成三合一的子母舟结构,苗语称"衣胖仰勇"(yib pangd niangx vongx)。龙舟的中间为"母舟"(dail mif),两旁为"子舟"(ghab daib)。"母舟"整体形似梭子,长 21 至 24 米左右,前部围长 1.8 米,顶部为不规则的五边形,衔接龙头处翘离水面 0.9 米高,与水面约成 30 度角;尾部围长 1.28 米,宽约 0.7 米,尾部微微上扬,端部呈圆拱形。"母舟"的中间隔成六个舱,每舱长约 2.91 米至 5 米不等,从头部开始依次排列。第一舱最长,为篙手、炮手、管账、鼓头、锣手乘坐之处;中间 4 个舱和最后一个舱较短,为盛放"迎龙仪礼"时亲友赠送的牲礼和礼物以及"鼓主"家给桡手们准备的食品。两旁两只"子舟"整体形似小号的"母舟",头部和尾部略微上翘,但两端头都靠向"母舟"一侧,与"母舟"舟体刚好嵌合,长约 13 米,前部围长 0.97 米,尾部围长 0.47 米。各分四舱,与"母舟"中间的 4 个舱依次相对,宽约 0.4 米,为划手们站立操舟之场所。

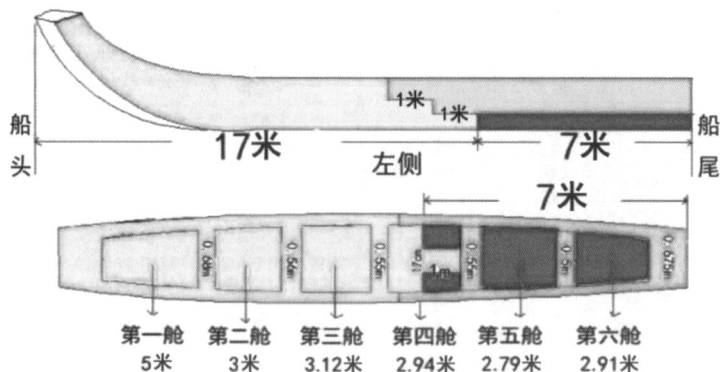

图 4-27 母舟示意图

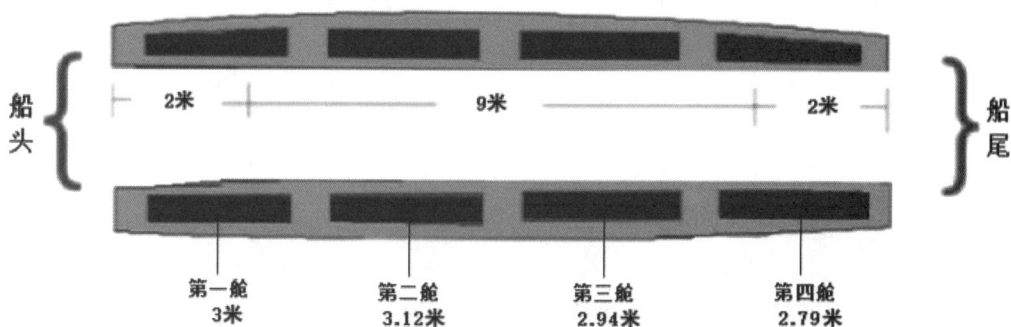

图 4-28 子舟示意图

图 4-29 船上人员的食物

龙舟的龙头置于"母舟"前端,一般长 3 至 4 米,直径约 0.3 米,具体大小要根据龙舟舟身大小而定。龙头雕有角、耳、鼻、眼、腮、胡须等。龙颈下部刳空洞,再以小木板封住洞口,便形成逆鳞状。颈背刻龙鳞,雕刻好之后上色,色彩讲究鲜艳夺目、搭配协调,然后施以金、红、黄、绿、白等各种颜色,并嵌以小玻璃片,使整个龙头闪亮生辉,不同村寨的龙头颜色也不一样。其中比较特别的是,杨家寨的龙头主色为深蓝色。传说是分龙时,杨家寨人去晚了,只得到了龙的肠子,因为龙的肠子为青色,故被称作"青龙"。稿仰寨的龙颈背上的刺为黑色,被称作"鬼龙",传说"鬼龙"的下水日期选择不准将会导致旱灾。大龙头有三对角,分别是一对牛角、一对羊角和一对鹿角。那对弯弯的大水牛角,左右分别写有"风调雨顺、国泰民安"八个大字。

苗族传统观念,认为龙有"水龙"和"旱龙"(大地之龙)。"旱龙"即水牛,故龙舟安装水牛角(见图 4-31),这可能跟苗族的"吃牯藏"①有关。龙的眼珠是用八角镜片镶嵌,炯炯有神。龙嘴中含有活珠,嘴下悬吊一红绣球,龙头昂扬朝天、须发飘拂、栩栩如生。小龙头置于"母舟"的第一舱的舱面板上,为挂锣之用。小龙头只有一对小鹿角,同样雕刻精细。

图 4-30 龙头上的祥鸟

图 4-31 龙头上所设的水牛角

---

① 吃牯藏,也称"吃鼓藏""牯藏节",是黔东南苗族最隆重的祭祖仪式。其传说起源在苗族的创始歌中有记载。节日一般每 13 年举办一次,由苗族各姓"牯脏头"组织,一般在历史上关系较密切的村寨间进行,节日期间的重要内容是杀牛祭祖,其间举行斗牛、吹芦笙等活动。

图 4-32 水牛角的安装

图 4-33 安装龙头的情景

为了常年存放龙舟,全村还要修建一栋木瓦结构的长廊,当地人称之为"龙舟棚"(见图 4-34)。修建龙舟棚时,其地理位置还讲求风水,一般选择在前有河流、后有靠山的风水宝地,意为能够兴旺全村、驱灾辟邪。龙舟棚为八排七间四柱抬梁木瓦结构穿斗式建筑。梁与柱之间衔接紧密结实,充分体现出传统建筑的工艺与技术。整个建筑表现出宽敞、通风、古朴的特点,与周围自然环境融合协调。平时"母舟"和"子舟"是被分别存放在龙舟棚内,直到比赛的前 2~3 天举行龙舟下水仪式时,才分别将龙头、"母舟"、"子舟"组合成一体。

图 4-34　用于保存龙舟的龙舟棚

三、龙舟的附件

龙舟的附件有桡(桨)、舵、篙、锣、鼓和火铳。

桡(桨)是龙舟竞渡时舟上使用最多的工具,每条龙舟 32 支。当地将桨称为桡,将划桨的人称为"桡手"。比赛时"桡手"每 4 人站在 1 个"子舟"的舱内(子舟有四舱)。桡片长约 1.9 米,手握一端为圆柱状,下水端宽约 7 厘米,两边稍薄,中间略凸出、呈扁担形,最下端用铁箍住,便于逆水撑船。

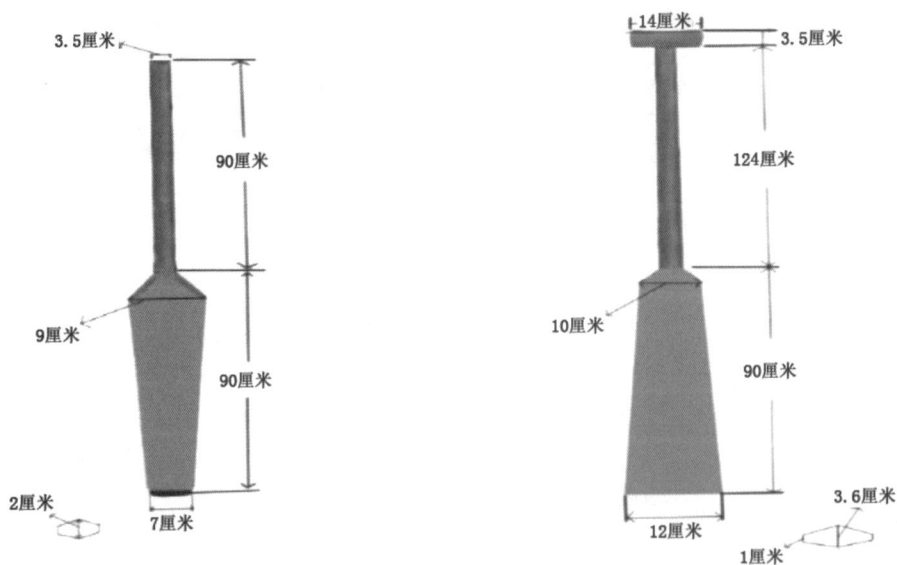

图 4-35　桡(左)与舵(右)的示意图

舵在行舟中起着控制方向的作用,龙舟体形巨大,每条龙舟有 4～5 人掌舵。舵比桡长 30 厘米左右,也要大一些。竞渡时,一名舵手站在"母舟"尾部甲板上任艄公,是最重要的一名舵手,其余舵手站在"母舟"的最后一舱内。

篙能直戳河底,是龙舟竞渡中一个特有的工具。篙的材质为绵竹,长约 5 米,在绵竹的梢部镶有铁锥。每当龙舟经过的水道中多有浅滩和礁石,或与邻近舟船相靠时,站在龙舟最前端的篙手要持篙去撑篙调整方向。

鼓为木制,两面蒙牛皮,直径 34 厘米,高 18 厘米,红漆着色,对称两端挂有铁环。鼓的边缘镶有铜钉。敲鼓的称为鼓主,背向行船方向,坐在"母舟"第一舱中的专用木板上,一手持铁环将其斜立在腿上,另一手持木棒敲击鼓面。

图 4-36　龙舟上所使用的牛皮木制鼓

锣为黄铜铸造,锣面的直径为 34 厘米,锣面的厚度为 0.5 厘米,边沿宽 5 厘米。锣挂在小龙头张开的口中,敲击时,锣手坐在"母舟"第一舱的舱面板上,一手扶锣,另一手持木槌敲击,锣手由一位男扮女装的少年担任。鼓和锣要配合着敲击,先敲鼓,后击锣,节奏一般为"咚咚——哆——咚咚——哆—"。

火铳包括铁制铳头和木杆两部分。总长为 1.2 米,铁铳头长约 40 厘米,上系红布,其中装火药的部分长 20 厘米。内有 3 个药孔,使用时向孔灌入黑火药,再用软纸堵住孔眼,引线设在各孔的下部。比赛时,火铳手坐在"鼓主"的后面(从船头数第 2 位),在比赛过程中负责点燃火铳,火铳点燃后声如大炮并伴随有浓浓的烟圈升到半空,目的是以壮声威。鼓、锣和火铳是由本寨人亲自购买、定制或经他人赠送而得的。

图 4-37　龙舟上所使用的铜锣

图 4-38　龙舟上所使用的火铳

第三节　苗族龙舟竞渡的规则与身体技法

一、角色分担

这里先从龙舟上的人员构成来展开：篙手、火铳的炮手、鼓头、锣手、舵手(含艄公)、管账和桡手(见图 4-39)。

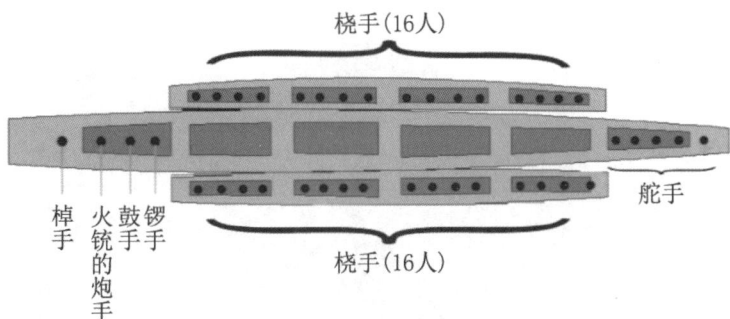

图 4-39　角色分担说明图

（一）篙手

第一是篙手,一人,由力气大、经验丰富、识水性的人担当。位于龙舟最前端,两船相遇或近岸时可一篙撑开,从而避免事故发生。有的篙手也在"迎龙仪礼"中兼收礼物,因而常备两根竹篙,分别架于龙角之上,若是遇到"鼓主"或是亲友赠送礼物,即将竹篙伸向岸边,接受礼物,并将其悬挂于龙头、龙角、龙颈处。

图 4-40　篙手

（二）火铳的炮手

第二是炮手,一人,由村里中老年人担任,竞渡时手持铁铸四眼炮筒,腰挂装火药的牛角筒,背对篙手坐在龙舟前端,负责鸣放铳炮。一般是行驶在急流险滩和激烈竞争中鸣炮振威,以烘托气氛、制造声势。

图 4-41　火铳的炮手

（三）鼓头

第三是鼓头，一人，其身着夏布长衫，外套是特制镶黑边的（以红、黄、青等色为主）绒背心，眼戴墨镜，头戴特制宽边麦草帽，颈戴银制龙颈圈，手提直径面约一尺的两面皮鼓，坐在母船前端，背对炮手，面向锣手和桡手，在行进中，有节奏的击鼓。鼓声之后，锣手紧接敲一下锣，形成"咚咚哆"的响声（"咚"为鼓声，"哆"为锣声）。鼓的节奏有两下、三下、五下、九下四种。行进时多敲两下、三下、五下的节奏。竞渡时敲三下、九下的节奏。鼓声是为制造紧张气氛，指挥激励桡手们挥桡划船，奋勇向前。

图 4-42　龙舟上的鼓手

（四）锣手

第四是锣手，一人，由鼓头家族中选出的男扮女装的十岁男童担任，其身着银装，头戴银冠，面向鼓头，坐在距离鼓头 1.5 米的地方，配合其鼓点敲击铜锣。锣绳悬挂在三尺多高的小龙头上。这一老一少前后排列击鼓打锣象征着与恶龙搏斗为子报仇的老渔夫和他的儿子，有祭神、祭人两种含义。

图 4-43　锣手

（五）舵手（含艄公）

第五是舵手，五人，站立在船尾，熟水性，善于应变。其中最重要的一个舵手叫做艄公，他立于母舟船尾的甲板上，利用手中的长舵来调整行进方向。竞渡期间，他一面掌舵，一面发出调节桡手挥桡频率的号令，故船头的锣鼓只起助威、渲染气氛的作用，而齐桡的重任则落在艄公的身上。其余四个舵手，站在艄公前方的第六舱，他们所使用的舵要比桡手的桡（桨）小型一些。

图 4-44　舵手们

（六）管账

第六是管账，一人，在"迎龙仪礼"中，负责记录收取彩礼的账目管理，以便作为鼓头将来还礼的参考。

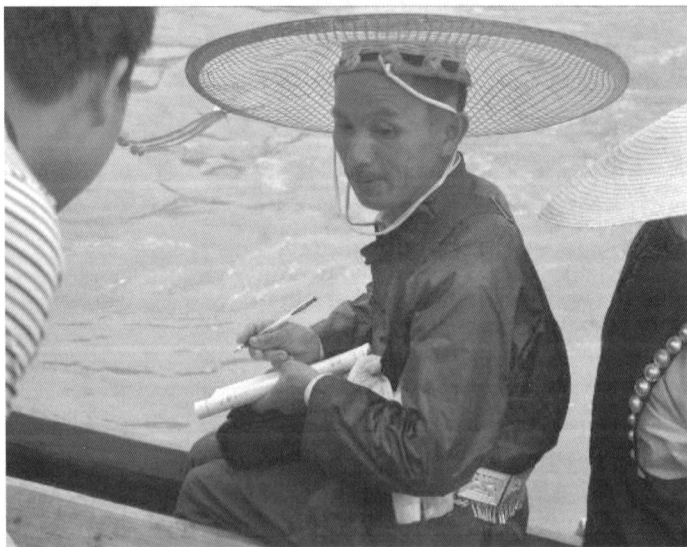

图 4-45　管账

（七）桡手

最后是桡手，分别站立于两只子舟上，每舱四人，每只子舟有四舱，两边共十六对三十二人。另外，"母舟"的第六舱有四位"舵手"，有时候他们也会充当桡手划舟。所有桡手都由成年男子担任，一律站着，竞渡时采取弓箭步站立姿划船，以利冲刺。

除鼓头和锣手以外,船上其他人员一律身着紫青色土布对襟短衫和阴丹士林布裤子,腰缠钉有银泡花两头有须的丝织花腰带,头戴高尖顶马尾斗笠,帽檐插一长尾小银雀。过去还曾身披蓑衣,头戴纸糊的斗笠,以示祀雨。

图 4-46　桡手

二、身体技法

"身体技法也就是人利用身体以形成传统的方式来做事,而这些技法的运用肯定是和身体的生理方面存在必然联系,并从一定的方向上可以联想到这种姿势的'型'(惯习)是被其文化和历史等因素所影响和留下烙印的"。身体技法的这个概念和命名都是由法国人类学家马塞尔·莫斯所提出[①]。后又有多位人类学家验证了这一"文化惯习塑造身体技法"的理论,并认识到身体技法的研究对于民族文化传承的重要性。

苗族的龙舟竞渡所孕育出的身体技法与中国其他各民族(以及与东亚、东南亚各民族的相比较)相比有很大差别。那就是所有桡手全部采用站立式划法。而且船体硕大、人多,竞渡技能娴熟,位置分工明确、配合默契。各个位置的技法介绍如下:

(一)篙手

篙手:站在母舟最前端,手持 5 米的篙,正视前方,倚靠宽阔的视野指挥全船的前进路线,安全且快速地行驶至终点。其动作方法是把篙戳到河的底部撑船行驶,要求技术高、观察判断准确,并根据划行路线及时撑篙以便调整方向和速度,竞渡中还可以随时撑篙触地以起到加速的作用,最重要的一点是要掌握好龙舟在高速行驶中的

---

① 　马塞尔·毛斯著、佘碧平译:《社会学与人类学》,上海译文出版社 2003 年版,第 301～317 页。

平衡性,否则很容易翻船。除竞渡以外,在别的河流中航行时(离岸、靠岸等),篙手的技法也能发挥一定作用。

图 4-47 龙舟离岸时篙手的技法

(二)艄公

艄公:在母船最后端与最前端的篙手成直线站立,主要的技术动作是站立在龙舟尾部持稍大于桡(桨)的舵,垂直入水后靠左右摆动调整行驶方向,龙尾要与龙头尽量保持一致,前呼后应起到船舵的作用,最后冲刺时还可以参与划桡(桨)来提速。

图 4-48 尾甲板上的艄公手持长舵控制龙舟的方向

(三)桡手

桡手:苗族的划法很特殊,全员采用站立式划法,技术与中华龙舟以及亚洲各国龙舟竞渡所采用的坐式划法完全不同。站立式划法的技术特点是能够充分利用腿部、腰背部、臂部的力量，便于发力迅速、爆发力强，划水动作幅度大，划桨入水后的划行距离长，推进速度快。身体技法也因情况不同可分为以下三种（这三种技法苗语中没有对应的名称）。

竞渡划法：竞渡中以单纯追求速度、求胜意识极为强烈的划法。如果是站在右侧子舟上的桡手，则其动作特点是：面对前方，以左脚踏出，两腿前后分开成弓箭步站立的姿势，双手持桨，左手掌心向下握住桨端，右手掌心向上反握桨把，屈膝，上体倾斜，两臂尽量前伸将桨片深插入水中，划桨与水面几乎成直角，利用转体带动双臂发力，当桨与身体平行时用力向后推桨出水。所有桡手划桨的动作、力量、速度、接走都要按艄公发出的号令协调一致，连贯行进。（见图 4-49）

图 4-49　竞渡划法的动作分解图

仪式、表演划法：技法运用主要表现在祭祀等仪式文化活动中（下水仪式、迎龙仪礼以及各种表演场景）。苗族龙舟竞渡的起源与其自身属稻作民族息息相关，故其在进行龙舟竞渡以及其相关活动中，无不与祈求风调雨顺等祭祀活动相结合。与竞渡划法不同的是此划法不以追求速度为目的，而是作为祭祀活动、仪式化动作表现的倾向更为明显。技术动作的表现相对轻松自如，两脚自然站立于子舟上，双手握桨上举后插入水中与水面成斜角，上体挺直，以肩为轴心两臂用力轮划，划桨出水时有意挑起水花以增加表现力。远望龙舟整体，高昂的龙头、硕大的龙身和泛起的浪花犹如一条具有灵性的"神龙"在水中畅游。此种划再现了他们的起源传说中所出现的龙的形象,通过身体表达出对神灵拟物具象化的演绎与敬畏,以及对同宗族亲友的仪礼与敬谢。(图 4-50)

图 4-50 仪式、表演划法

逆水、浅滩划法:这是龙舟行驶至浅滩抑或是逆水行舟时的身体技法。每年龙舟竞渡活动期间都会举行"迎龙仪礼"活动,下游村寨的龙舟都必须撑舟逆水而上,经过沿江两岸的村寨并接受亲戚朋友赠送的礼物和祝福。"迎龙"一路上要经过各种水域,特别是行驶在激流浅滩时主要运用撑船技术,相比上述两种划法更加耗费体力,行程中极为艰险。此种划法撑划时身体重心下降,两手紧握划桨深插入水中,当触及水底的瞬间双手撑桨跃起,身体腾空。此举一方面可以减轻船体重量,另一方面利用自身体重撑桨可增加推进速度,节省体力。逆水划桨不进则退,动作需充分动员全身力量,动作频率不仅要快,更重要的是桡手们动作配合必须协调一致。有时短短几公里的路程却要花费一天的时间,直到耗尽桡手们所有的体力。但反观也可看出同属一宗族的每位参与者团结协作的精神、力量与全身心付出的决心意志。

三、龙舟竞渡的组织和规则

关于各地举行日期的不同,在上文起源传说二中已有描述,具体细节据刘主席介绍,"当'龙'被烧死后,被河水冲到洞外,沿清水江各寨的苗族村民先后去抢'龙肉'。胜秉(今平兆)抢得'龙头',平寨抢到'龙颈',塘龙抢得了'龙身',容山得了'龙腰',料洞只得'龙尾'。后来龙舟竞渡的日期就照这个顺序排下去,胜秉(今平兆)第一天,排在五月初五,平寨第二天排在初六,以此类推。但根据苗族先民以往经验证明,这几天正值农忙,为了避免影响生产,各寨经过协商,除胜秉(今平兆)仍在五月初五举行外,平寨改在二十四日,塘龙改在二十五日,容山(老屯)改在二十六日,料洞(六合)和施洞口定为分龙,于二十七日就地分区举行。五月初五的日子不做更改,否则会有大旱。"①而现今苗族龙舟竞渡的活动范围也主要以抢得"龙身"的塘龙(位于台江县施洞镇)为中心包括其上下 100 多公里的清水江两岸地区,上游至施秉县双井镇的平寨,下游至施秉县六合乡的料洞,以及台江县境内巴拉河汇入清水江口以上 10 公里的两岸村寨。

竞渡比赛一般安排在下午进行,农历五月二十四,龙舟竞渡活动第一天,地点在平寨,届时会有十余条龙舟前来参加竞渡比赛;二十五日下午的竞渡比赛最为热闹,在施洞塘龙举行,是现今官方认可的正式竞渡日期与地点;二十六日当天的竞渡活动俗称"分龙",届时会在铜鼓、老屯、六合三处分别进行竞渡比赛或是表演,每个地方会汇集 4～8 只龙舟;二十七日在施洞码头,届时会有 6～8 只龙舟前来做最后一天的竞渡表演。施洞一带是划龙船活动的中心,当地人们不仅自己去参加龙舟竞渡活动、赛马、踩鼓或游方,而且也要招待外寨的亲戚朋友。因此,每家都须准备一两缸酒和足够数量的鸡、鸭、肉和糯米饭。

为了过节,家家都要缝制新衣,男女老少都得添置一套。少女们于活动前早就添购或洗刷银饰准备做活动期间装饰之用。为了过好这个节日,准备时间之长、费用消耗之大,都介乎于春节之上。但并不是所有的人都是为了看龙舟竞渡而来的。事实上龙舟竞渡活动只能吸引一部分青年和一般儿童。有一部分人对赛马、斗牛有兴趣。各地商人云集,为的是多做一些生意。多数青年所以兴高采烈地参加,为的还是看姑娘、踩鼓和游方。在农历五月二十五、二十六日的下午,附近地区成百上千的未婚姑娘和青年妇女穿上盛装,佩戴着最精致的银饰,七八个一群、十多人一簇,羞答答地、笑眯眯地在群众密密层层的包围下,时而止步站着,时而慢慢地踱几步,好像服装展览会上的表演者,任人欣赏。她们的老母亲们臂上挽着准备装置盛装的竹篮,耐心地跟在后面,偶尔替女儿整一下银饰或拉一拉衣角,看到那些穿得较次一点的人对她女儿露出羡慕的神情时,面上便流露出无比的欣慰和骄傲。这批盛装少女,无疑地吸引很多青年男女的注意。一直要到夕阳西下,才慢吞吞地掺杂在四散的群众中各自回家,或到附近亲戚家中去休息。到夜间,那更是青年们的世界了。三五成群的男女青年,一群一群地塞满了白天热闹的码头。清澈响亮的飞歌、温柔抑扬的游方调、旧友重逢和新友初会的嬉笑与急流过滩的水声交织成曲,到更深夜而愈见活跃,很多青年往往闹到天明才尽欢而散。二十七日往往是活动最后的一天,各寨以酒肉、香纸祭了龙神之后,各自拉船上岸,安顿在专为放龙舟的龙舟棚内,涂抹上一次桐油,等到明年再来接"它"下水。

当来自不同村寨的龙舟汇集后,其竞渡比赛规则采用一对一或是三船同时竞渡的方式。比赛距离约为 500 米左右,比赛对手可以自由选择或者由当地龙舟协会统

---

① 于 2014 年 6 月 21 日,与施洞苗族独木龙舟协会主席刘昌乾的访谈记录。

图 4-51　2015 年 7 月 9 日(农历五月二十四)平寨的竞渡现场

图 4-52　2015 年 7 月 10 日(农历五月二十五)塘龙的竞渡现场

一组织安排抽签决定。自由选择的比赛一般是寨与寨之间或是不同宗族之间的竞赛,规模较小,对竞赛的规则要求不高,两舟竞渡,败者淘汰,胜者进入下一轮,优胜者一般也没有物质奖励。由当地统一组织安排的竞赛相对比较规范,一般是由当地龙舟协会制定有关竞赛规则。以下为 2015 年施洞龙舟协会组织的,于当年农历五月二

图 4-53　2015 年 7 月 11 日(农历五月二十六)老屯"分龙"的现场

图 4-54　2015 年 7 月 12 日(农历五月二十七)施洞码头的踩鼓和竞渡的现场

十五在塘龙寨举行的竞渡的比赛规则①：

　　一、各地参赛龙舟必须于 2015 年 7 月 10 日(农历五月二十五日)中午 12 点前到组委会报到,13 点准时进行竞渡比赛,不按时报到的,视为放弃参赛。

　　二、各参加比赛的龙舟队员要求服装整齐,体现原生态民族特色。

　　三、各参赛队员严禁酒后参赛,参加比赛的龙舟队安全责任由自己承担。

---

①　参照施洞地区龙舟协会,2015 年中国贵州施洞龙舟竞渡比赛规则。

四、比赛名次及奖金设置。比赛名次设一等奖 1 名,奖金 4 000 元;二等奖 1 名,奖金 3 000 元;三等奖 1 名,奖金 2 000 元。

五、比赛方式。参加竞渡比赛的龙舟,由组委会统一安排,实行抽签/淘汰制比赛形式。比赛分为 A、B 两组,实行 A1 对 B1,A2 对 B2 的模式,A 为第一赛道(即施洞赛道),B 为第二赛道(即马号赛道),胜者进入下一轮比赛,如两条龙舟同时到达终点的,则两条龙舟一同进入下一轮比赛。如若最后三支龙舟优胜进入决赛也实行抽签制,抽得空签的龙舟直接进入决赛,另两只龙舟胜者进入决赛,败方直接取第三名。期间每轮比赛都实行抽签制。

六、有下列行为的组委会取消比赛成绩:

1.不按组委会指定的时间、地点参加比赛的,组委会进行广播通知后 10 分钟内没有到达指定地点比赛的视为弃权。

2.比赛发令枪还未发令,出现"抢跑"行为的。

3.在竞渡比赛中,不按指定赛道划行,超出自己赛道,影响对方龙舟划行的。

4.在比赛中,如有一只龙舟放弃竞争,另一只龙舟要赛完全程,如没有赛完全程则视为无比赛成绩。

5.不听从组委会安排,无理取闹的。

七、组委会设立比赛裁判共 22 名,其中主席台 8 名,起点 6 名,赛道监督 3 名,终点 5 名。

八、为不影响比赛秩序,比赛时严禁任何与龙舟参赛无关的船只在比赛区航行,各参赛龙舟不能随意在比赛区域内航行。

九、"接龙"("迎龙仪礼")必须在 12:30 前完成,11 点至 12 点半为集中接龙时间,集中地点在施洞塘龙码头,竞渡比赛期间禁止接龙活动。

十、各参加比赛的龙舟,除获得比赛名次及奖金外,每条龙舟给予 2 000 元鼓励奖。

施洞苗族龙舟竞渡的比赛规则与中国国家体育总局颁布的龙舟竞赛规则[①]有很大的不同。后者是以现代竞技体育所倡导的公平性原则为基础而制定的,而前者则是以当地苗族文化所提倡的公平性原则而制定的。比如以比赛分组为例,中国体育总局颁布的龙舟竞赛规则规定有预赛、复赛、半决赛以及决赛,预赛中的分组是为避免较强的几只队伍分到同一组影响到观赏性而考虑的;而苗族的规则则不考虑这一点,全部直接抽签决定分组,同时抽到不同字母同一数字的两个队伍就是一个竞赛组,直接进行淘汰赛,优胜者进入下一轮,再进行抽签分组比赛,直至进入最后的决赛。这样的竞赛规则是完全随机性的,即使第一轮最强的两个队抽到一起,也只有依规进行,而这种"听天命"的方式在当地人们心中才是真正的公平,才能保佑风调雨

---

① 中国龙舟协会主页:《中国国家体育总局颁布的龙舟竞赛规则(2003)》,http://dragonboat. sport.org.cn/jsgz/.

顺。除此之外,在苗族龙舟竞渡规则中是没有终点计时的,只是按照各组龙舟到达终点的先后顺序来判定胜负。据调查,在 2010 年以前的竞渡比赛中还没有设置正式的赛道,这样使得龙舟在竞渡过程中经常出现相撞的事件,甚至在相撞之后升级为两村寨之间的冲突事件。如若用现代竞技体育规则的视角来审视清水江流域的龙舟竞渡规则,显然有很多不合理处,但站在他者的角度去看,其地方形成的规则是与其地方性认知相联系的,并且是在当地人共同认同下形成的,这恰好可以反映出当地苗族的价值观。

第四节　苗族龙舟竞渡的仪礼和禁忌

一、仪礼和祭祀文化

农历五月十八、十九抬龙下水,二十三日将子母船绑在一起,安装上龙头。二十四日举行开划仪式。

图 4-55　下水仪式之前,全村的青壮年把龙舟抬到河中

龙舟开划之前,由巫师主持下水仪式,在河边设龙位,准备一只白公鸡、一壶酒、一元两角钱、一块刀头肉、有丫杈的五倍子树及神符一串、三炷香以及一个糯米盆桶、雨伞一把等等,然后面对河流和龙舟先念唱古歌《十二个蛋》和《跋山涉水》的一些唱词,然后念道:"我手里拿只白公鸡/一罐米酒像蜜糖/这山叫一声/那山叫一声/请你们嘎哈/下来保寨子/赐给大家多子孙/繁荣昌盛像蜜蜂一样","我手里拿只黄公鸡/一罐米酒甜蜜蜜/这山叫一叫/那山喊一喊/请你们下来保龙船/让它平安游大江/向

前石不挡/掉头草不拦/身子光滑像石板/来去稳如胜久山"。

图 4-56　由巫师进行仪式的准备

图 4-57　准备齐全的祭品

念完巫词,巫师便宰杀白公鸡,以血淋五倍子树,并扯下鸡翅膀的羽毛夹在五倍子树丫杈上,鸡煮熟后,盛于大碗,置于桌上,烧香化纸,倾酒,捏祭品于地上,向神灵献熟食。接着,锣鼓顿响,让龙舟在寨子附近的水面划上一圈,此举苗语称"巴纪"(bas jid)。鸣铁炮三响,才启程前往竞渡地点。

在进行仪式时,村寨中几乎所有的人都必须到场接受洗礼,特别是寨中的妇女们会在这庄严的祭祀仪式中既表达对于神灵的崇拜与认同,也要祈求神灵保佑自己的亲人一路平安。

图 4-58　巫师念唱古歌

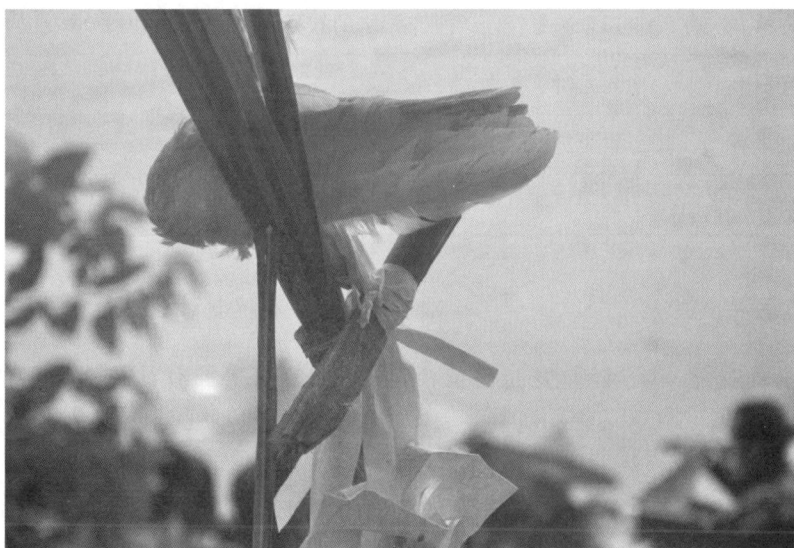

图 4-59　巫师把鸡翅膀的羽毛夹在树丫杈上进行通灵

此仪式中出现的事物所象征的意义,总结如表 4-2 所示。

表 4-2　巫师的龙舟下水仪式文化要素象征的分析

要　素	象　征
巫师	神与人的中间人
龙舟	水神之龙
巫师的雨伞	据《苗族的古歌》所载："人类的祖先姜央（JangxVangb）把守护神的房子和衣服烧了，故守护神因羞耻，以伞遮身。从那以后，巫师向神诉求时，都会因此用伞来遮住身体。"
白公鸡	抑制龙（可能基于鸟比象征水的龙地位高的观念）
五倍子树丫杈	天之梯和三叉树枝象征三神，即苗族的神，分别是在空中飞翔的"香达"（dliangb dab）、"嘎哈"（ghab hvab）以及称为雷神的"都待"（dul dail）。（由此可见，这里的五倍子树丫叉、天空与雷等象征比水的地位高的模型，再加上白公鸡，都是可以打倒龙的存在）
一元两角钱（12 角）	向龙祈求财运。12 角是 12 个月，意味着 1 年。
茅草	割茅草（消灾）
白纸	白色衣服（象征飞神"香达"的衣服）
一斤白米	向龙祈求丰收
三杯米酒	祭祀三神
刀头肉	祭祀三神

二、禁忌

为保龙舟航行一帆风顺，龙舟竞渡活动中，每条龙舟都有其较为严格的禁忌，分别如下：

（一）割茅草的忌讳

茅草是在"出龙仪式"（开划仪式）中，巫师用来清扫龙舟以及龙舟上所有的人员，达到驱邪免灾的目的。因此，在割茅草这件事上，十分讲究。

首先是选人要严格。死过妻子或孩子的不能用，有儿无女的不能用，有女无儿的更不能用。选的人，必须夫妻双双健在，有儿有女，德高望重，责任心强。割草的时间要严格，必须在举行仪式的当天寅时上山，寅时回来，来去不能碰到人。有时不幸碰到了，绝对不能打招呼，别人打了招呼，也绝对不能应答。茅草割来后，将其捆好，直接往举行仪式的场地走，放在场地附近人畜不到的地方。在举行仪式前，亲手交给巫师。

（二）通过神山时的禁忌

出龙仪式（开划仪式）完毕，巫师将茅草卷起来，捆成一把，插进龙尾的方洞里。

这是因为还要举行"撒草仪式"。如果寨子的神山在河边,则必须在神山下举行。如果寨子的神山不在河边,可以到龙舟集中地举行,也可以选途中的某一个地方。例如容山、岩脚两寨供奉同一祖先,他们的神山在离本村七八里处一个深塘边上的大岩山。因此他们每年龙舟快到神山下时,鼓头停止击鼓,锣手停止鸣锣,船上所有的人都默不作声,划手们一律停止划船。在这庄严肃穆的气氛中,由站在船尾的艄公一人发话:"父老兄弟们(指神),快跟我们走吧,去为我们出力,保佑我们一路平安!"话毕,就从船尾方洞里取出茅草把,然后一人一根地往前传递分发,一直传递到坐在龙舟最前头的篙手。传到篙手时,还有多少根,他就拿多少根。划手们如何拿草,也有规定。凡站在左边划的就用右手拿,相反,站在右边划的就用左手拿。茅草分发完后,由篙手指挥。当篙手将茅草向前抖动三下时,划手们就整齐地挥动划桨,用力将龙舟往前划。划手们边划,还要边看篙手。当龙舟驶出神山时,篙手将茅草左右晃动三下,鼓头、锣手和划手整齐地将手里的茅草往河里抛丢。在抛出手中茅草后,全船有力地高喊一声:"加油啊!"随着呼喊声,鼓头开始击鼓,锣手也相继鸣锣,于是龙舟开始加速向前划去。

龙舟回来路过神山时,依旧是停鼓息锣,全船还是默不作声,划手们停下划桨,在鸦雀无声中,还是由艄公发话:"父老兄弟们(指神),你们回家去吧,明年再跟我们去。"话毕,篙手向前招手示意,于是全船人手又整齐用力将龙舟划出神山。当龙舟驶出神山,又开始击鼓鸣锣,大家也可以讲话、唱歌。

(三)对"坐月婆"①的忌讳

各寨每年的出龙仪式,"坐月婆"不能出来观看,"坐月婆"家里的人均不能上龙舟,更不能划船。龙舟活动所需的用具,一律不能用"坐月婆"家的,否则就不吉利、不安全。龙舟节的这种忌讳最为严格,至今仍然存在。

(四)龙舟上有关饮食的忌讳

凡用在龙舟上吃的饭,一律用甑子蒸,但蒸饭时,一律不能盖甑盖。据说,如盖盖子,龙舟在行进中,就会被迷雾阻挡视线,造成危险。饭蒸好后,只准将甑子抬出,不准移动甑脚,待龙舟回到家后,才准将甑脚拿开。据说,动甑脚,龙舟在行动中就不稳当,容易出事。在龙舟上吃饭,一律不准泡菜汤。据说,在龙舟上吃放泡菜汤,就容易翻船。因此,为了安全起见,龙舟上一律不准带碗筷,吃饭时,只准用手抓。为了方便吃饭,龙舟上的饭,都是糯米。龙舟上的菜,都是辣椒面炒肉,放上盐即可。这里的肉象征"龙肉",意思是重现砍龙传说当时的行为。龙舟上的人们需要喝水,只能从龙舟上下来用手捧水喝。但龙舟上却可以吃酒。当客人敬酒时,必须先往龙舟上滴几滴,才能喝。但喝酒不能过量。

(五)其他有关糯米饭的禁忌

必须选一位年过六旬的老太婆来做饭,她必须有两个以上的子女,其中既要有男

---

① 指生了孩子还没有满月的女人。

孩又要有女孩,她也不能是寡妇,一般还是寨子里比较有威望的妇女。做饭时,要非常讲卫生,会让她一人在家,不准其他人进去,也不准谁和她说话。饭做好以后,老人将饭装进甑子里,就放在厨房里,必须由水手们将饭抬上龙舟,放在母船中间。龙舟每次出寨子,一般也会有一两条小船跟着,装一些吃的东西。

(六)有关礼物赠送的禁忌

如果是鼓头的亲生女儿,龙舟经过其下嫁的村寨时,她就必须送一头猪,有钱的可以送牛。其他的一般的人都送鸭子或者鹅,但不能送鸡,因为鸡不能过河(意为不能度过灾难)。一般会在送的猪牛身上画上一些图案,如龙、鱼等。村民送的一切牲礼都必须是活的,并放在龙舟中间的母船里,即使是牛也不例外。

第五节　苗族龙舟竞渡的鼓头制和迎龙仪礼

一、鼓头制

鼓头(有时也称作鼓主)就是龙舟上打鼓的鼓手。施洞苗族每年的龙舟竞渡活动都是在鼓头的主持下进行。鼓头是苗族氏族的首领之一,苗族以"鼓"作为氏族或部落的代表,现在每届都由民主选举产生的具有组织管理能力的德高望重的长者担任。鼓头既主持当年的龙舟竞渡,又负责任期氏族内部各项事务的组织管理和氏族内外纠纷的协调或者组织应付行动。在龙舟竞渡活动的几天中,鼓头每天要煮糯米饭一大甑,足够几十人的食用。此外还须供给吃午饭时足够用的酒、肉和鸡、鸭、鹅等。这些酒菜除供应船上的几十个水手外,遇到亲友熟人,也可拉来同食。以往鼓头是采取轮流的形式而产生的。在龙舟竞渡结束,鼓头杀猪请酒的时候,大家就来决定来年鼓头的人选。"新鼓头"推出,便将鼓送到他家,龙头也一并送去。但是在有的村子,龙头是固定放在某一家的,"新鼓头"在接鼓时,也要准备几十斤酒肉款待送鼓人,共同欢宴一次。如果轮到某人,而他怕亲戚少、礼物不多,不体面,或因家境贫苦,经济上负担不起,而表示不愿担任时,也不勉强。只要他出几十斤酒肉表示一下,就可以轮转给别人。鼓头不一定是一个人,有些地方有时可推出几个人,到了第二年,一人担任一天或两天。

图 4-60　2015 年芳寨村的鼓头

图 4-61　鼓头家的宴会准备——宰牛

图 4-62　杀猪

图 4-63　鱼的烹调

图 4-64　鹅和鸭的烹调

图 4-65　辣椒的烹调

图 4-66　生姜和蒜的烹调

图 4-67　露天桌椅的准备

二、"迎龙仪礼"及其社会功能

马林诺夫斯基认为,"一个社会的所有文化其实只是一组工具,其存在目的在于满足人类自身的种种生理和心理需求。而各文化要素之间是环环相扣,且不断变动以保持有效的运作。也因此,我们可以在各文化中找到一套自己的运作原则,而这些原则也和社会中的实质功能保持紧密的关联。"[1]

进行龙舟竞渡比赛之前,也就是各村寨龙舟到达比赛集合地之前,龙舟除了竞渡之外,在沿河经过各村寨时,来自各地的鼓头以及龙舟上人员的远近亲友也都要到江

---

①　马林诺夫斯基著、费孝通译:《文化论》,中国民间文艺出版社 1987 年版,第 15 页。

边来"迎龙",俗称"迎龙仪礼"。"迎龙"时亲朋好友们主动燃放鞭炮,载歌载舞来向鼓头或是船员们献牲礼(见 4-69)。牲礼大的有猪马牛羊,小的有鸭鹅,最近也有送现金的现象出现,亲戚按自家的经济实力来献礼迎龙。其间,尤其是属姑舅关系的亲戚,姑父(即鼓头妹妹或是姐姐的丈夫)一定要尽力向当鼓头的舅舅送大礼、重礼。

图 4-68　"迎龙仪礼"的情景

图 4-69　桡手们把收到的牲礼抬上龙舟

　　得到亲戚们敬献牲礼越多越大的"鼓主"及家族们越感到光彩,他们将所得牲礼挂在龙颈上,或装在随龙舟行驶的船上划行进行炫耀。这天鼓头虽可得到很多的礼物,但开支也是很大的。在竞渡结束后,他还得杀猪备酒招待房族。由于施洞一带往往是同姓同族聚居在一寨,因此要请的人往往是全寨的男子。此外,苗族遵循礼尚往来,今年收了礼,以后别人当鼓头或家中有大事时,就必须相应还礼。这一礼俗从何时开始,现无法查证,但这无疑起到一个促进当地氏族联系、人际交往的极其重要的作用。

图 4-70 迎接父亲的村寨的龙舟的已婚女子

图 4-71 穿着民族服饰的女性群体以歌舞迎接龙舟

“迎龙仪礼”活动虽然没有激动人心的龙舟竞渡文化场景让人印象深刻,但是在这些仪式背后却深刻反映了苗族人们组织严密、和谐统一的血亲伦理。他们整个仪式过程组织严密,哪些人准备什么礼物,准备多少都会有详细的账目清单,而且有的村寨的亲戚还会组织载歌载舞盛装迎亲。具体来讲,比如在“抬龙下水”之前都会统计村寨中村民们的“捐助”情况。以芳寨村为例,他们村寨的“捐助”是每人20元外加一斤糯米,糯米还会用秤砣称量,力求达到公平公正。另外,在“迎龙仪礼”的过程中

图 4-72　以用人民币贴成的优胜旗帜迎接龙舟

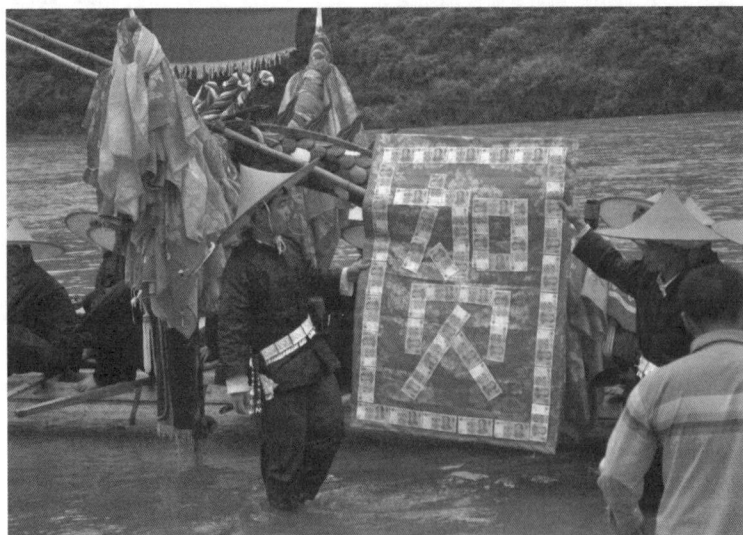

图 4-73　展示所收到的礼物

有从本村寨嫁出去的姑姑们或是姑爷们会前来送礼，姑爷们一般是送一头猪，而姑姑们一般有红绸、鹅、鸭、糯米酒以及礼金等礼物，这些礼物与礼金都会在随龙舟一行的管账人手中详细记录，最终统计金钱总额与人数，在龙舟上岸后，会邀请这些亲戚们来寨子里统一进行会餐，共同分享节日活动所带给他们的快乐与祝福。

　　根据布朗的结构—功能主义理论①，每一个人在不同的社会互动模式中会扮演不

---

　　① 拉德克里夫·布朗著、夏建中译：《社会人类学方法》，华夏出版社 2001 年版，第 157 页。

图 4-74　"迎龙仪礼"中的爆竹、劝酒歌、礼物、盛装的人们

同的角色,这样才能相互激活,所形成的社会网络才有活力,才有意义。在龙舟竞渡文化活动中,除了直接参与竞渡的人员组成了一个行动组来通过竞渡获取胜利之外,那些间接参与竞渡的人们也构成了另外一个行动组,通过"迎龙仪礼"这一特殊的仪式表达,这个行动组以消费文化为载体维系着一个家族乃至整个氏族的团结与稳定,由此反映了一个真实的血亲伦理。以田野调查为例,芳寨村的鼓头刘耀焱及其夫人有姑舅关系的直系与旁系亲戚共 24 人参与到此次龙舟竞渡活动的"迎龙仪礼"中,刘耀焱夫妇共获得 10 800 元的现金、三头猪以及 38 只鹅的馈赠("迎龙仪礼"上所收到的礼物清单见图 4-75)。但这也只是冰山一角,因为每个村寨一般都是同一氏族,大家多少都会沾亲带故,并且村民生活日益富足,其鼓头一家收取的礼金与礼品也是多不胜数。

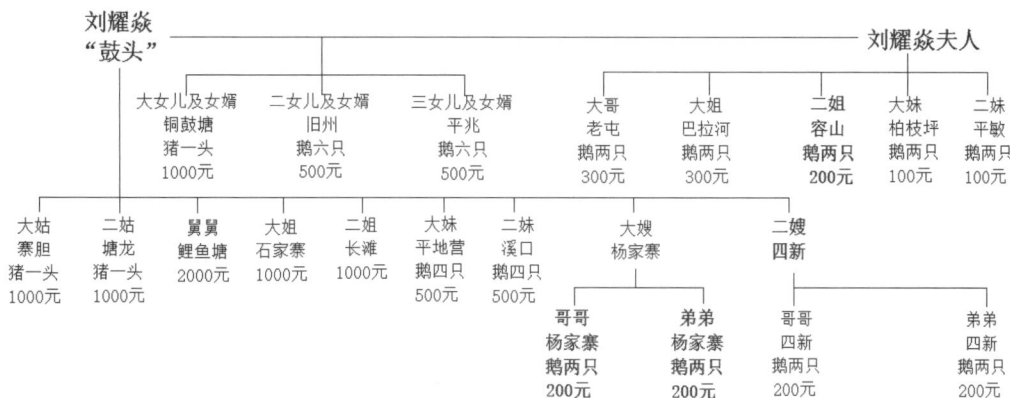

图 4-75　芳寨村的鼓头 2015 年"迎龙仪礼"的家属图及礼物清单

第六节 苗族龙舟竞渡的文化演变

进行苗族龙舟竞渡的这一地区从明朝时期开始就被称为"施洞口",地方志与文献中记载了这一地区曾与汉族交往频繁。从唐宋时期兴起的土司制度到明清时期的"改土归流①"、户籍制度的兴起,到明朝时期为修建故宫的"皇木②"征集,再到清朝末期的战乱与屯兵制,以及民国时期的"剿匪",施洞既是战时的重要据点也是水陆交通要道,更是各个朝代政权的"林业储备基地"。现存于施洞镇的苏公馆③和刘家祠堂④等建筑都是留存在此地的历史遗迹。

当地苗族和汉族一样重视农历五月初五的端午节,现今仍保持农历五月初五(端午)在平兆举行一天的龙舟竞渡并称其为"小端午",而农历五月二十四至二十七所举行的龙舟竞渡活动则被当地人称为"大端午"⑤。在龙舟竞渡节日期间,沿岸村民制作一种枕头形状的大"粽粑"并作为主食,但没有任何关于汉族及其他各族流传的祭祀屈原的说法。当地人在银饰、服装、龙头雕刻中,也开始出现狮子、大象、瑞兽等,这应该是受汉文化的影响。

只能推断,当地苗族因自古以来频繁与汉族接触,不断地引入汉文化,或受战乱、民族政策的影响,不断演变,使得这些"文化残存"慢慢融入苗族龙舟竞渡的文化中。

但直到最近,又有了新的演变,那便是由于中华人民共和国成立时的生产方式所有制的变化以及竞技体育的影响而导致的。

一、社会制度对苗族龙舟竞渡组织形式的影响

据《苗族社会历史调查》中记载:"在解放前,施洞地区的每只龙舟都是全寨各户

---

① 中国清代雍正年间在西南一些少数民族地区废除土司制,实行流官制的政治改革。为了解决土司割据的积弊,雍正四年(1726年),云贵总督鄂尔泰建议取消土司世袭制度,设立府、厅、州、县,派遣有一定任期的流官进行管理。雍正帝对此甚为赞赏,令其悉心办理。六年,又命贵州按察使张广泗在黔东南推行改土归流政策。在设立府县的同时,添设军事机构。清政府在改土归流地区清查户口,丈量土地,征收赋税,建城池,设学校;同时废除原来土司的赋役制度,与内地一样,按地亩征税,数额一般少于内地,云南、贵州改土归流的目标,到雍正九年基本实现。

② 皇木,清水江流域盛产的优质木材"苗木""苗杉",其下游又是沅江流域,便于运输。清水江流域是明清时期皇宫建设的主要木材征集地,被征集用于建设大型皇宫的大型木材,故又被称为"皇木"。引自单洪根:《清水江木商文化》,世界社会文献出版社2009年版,第16页。

③ 苏公馆,清朝末年湘军将领苏元春的官邸,建于光绪初年。系当年镇压苗族起义军后,修建驻守在施洞。

④ 刘家祠堂,系民国二十九年(1940年),国民党第28师师长刘伯龙进驻施洞"剿匪"后命刘氏家族所建,用以祀祖。

⑤ 于2014年6月21日,与施洞苗族独木龙舟协会主席刘昌乾的访谈记录。

图 4-76 施洞的苏公馆的外墙遗址(位于施洞镇芳寨村)

图 4-77 刘家祠遗址(位于施洞镇芳寨村)

图 4-78 两湖会馆的遗址(位于施洞镇塘龙寨)

图 4-79　张伯修和张卓的故居(位于施洞镇政府的后面)

图 4-80　张伯修和张卓的故居(位于施洞镇政府的后面)

图 4-81　施洞镇清水江畔所建的灵龙庙

共有,有的属于一个家族,有的则属于几个家族。每只龙舟都有田土、山林、稻谷或现金作为公共基金,称为'众田'、'众山'或'众谷'等。田和山林以每年的收益作为龙舟竞渡活动的开支,谷和钱则采用放债生息的办法,以利息作每年的开支,本钱不动。如田、山林收益大了,每年用不完,便拿来放债生息,于是积累越来越多。但上述每只龙舟原有的众田、众山、众谷在解放后,随着生产资料所有制的改变而发生了变化。据巴拉河党支部书记杨光裕同志谈,该村寨的众田在土地改革时被分配了。由于基金已发生了变化,于是'鼓头制'就不设立了。巴拉河是在 1952 年土地改革后不设'鼓头',芳寨在粮食统购统销后的 1954 年不设,偏寨等处在 1955 年不设。既然没有'鼓头',也就不作祭祀仪式了。"①

　　这正是中国社会主义初期阶段,生产资料私有制向社会主义公有制转型的阶段,导致了龙舟组织发生了变化。直到改革开放初期,实行集体所有制后,"鼓头制"才得到了恢复。

二、体育竞技化对苗族龙舟竞渡的影响

　　根据调查发现该地区龙舟竞渡活动的原有意义在于祭祀祈求风调雨顺、促进氏族之间的交流等。而"竞赛的意义重大"这一观念在近年来被当地年轻人提出,原因是现代化进程不断加快,体育竞技给人们带来了强烈的视觉冲击与体验,这使得龙舟竞渡也产生了一定变化。而这种变化是相对的,毕竟传统形式的存在往往富有深层含义。如组装龙舟时,传统方法是运用竹篾、麻绳、扁担(见图 4-82、图 4-83),其象征

图 4-82　传统的组装方式

---

① 贵州省编辑组:《苗族社会历史调查(一)》,贵州民族出版社 1986 年版,第 232 页。

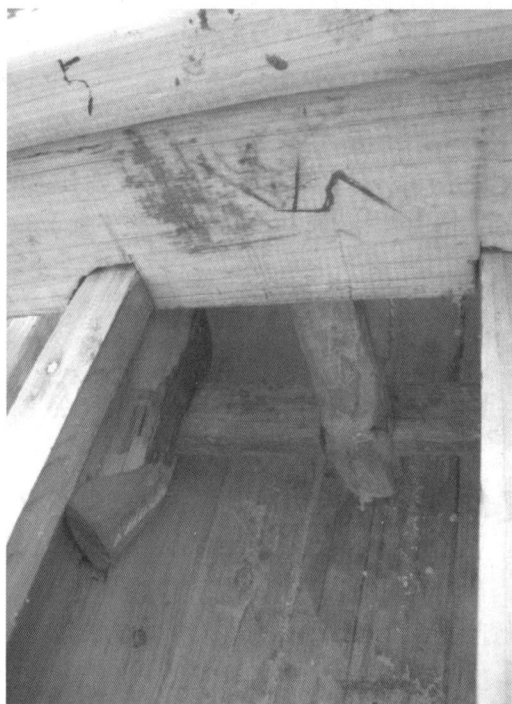

图 4-83 传统的舱的构造

性代表了龙的筋骨与血脉,具有巫文化象征通灵的含义。而现今为了使龙舟行驶更加稳定、快速,开始出现了使用铁制螺丝及螺帽来固定龙舟(见图 4-84～图 4-87),因而失去了原有的深层含义,使得传统意识逐渐削弱。

图 4-84 使用螺丝及铁钉进行组装

图 4-85　使用螺丝及铁钉的舱

图 4-86　龙舟表面用铁皮和铁钉进行加固

图 4-87　组装后的竞技化龙舟

　　这种传统意识削弱的情况在社会的现代化进程中普遍存在。年轻人在了解到新文化(如体育竞技比赛)后为了提高龙舟竞渡的观赏性,对龙舟进行了改装。这种改变其实会影响到人们对其固有文化的认同,但这种情况只存于部分村寨,而这些村寨恰好就是与外界频繁交往的几个,并且这几个村寨的年轻人以外出务工居多。

　　最近两年随着国家非物质文化遗产的认定,地域观光政策的出台,"保护民族传统文化,促进地域旅游发展"的理念在当地逐步加深。这也使得当地苗族龙舟竞渡文化资源被重新重视、开发与运用,龙舟竞渡的传统仪礼得以保留。

第五章

中国的非物质文化遗产制度和苗族龙舟竞渡

传统文化通过政府的认定即成为文化遗产。文化遗产包括有形和无形之分,近年来,非物质文化遗产(汉语称非物质文化遗产、简称非遗)的保护已成为迫在眉睫的课题。虽然,对于历史悠久的中国来说是丰富的非物质文化遗产遗留下来了,但对于少数民族来说,生活本身就可称为非物质文化遗产。苗族龙舟竞渡是贵州清水江流域苗族的传统文化,2008年被认定为国家级非物质文化遗产,已成为"苗族独木龙舟节"名义下的旅游产业开发重点项目之一。本章中,将会对苗族龙舟竞渡的非物质文化遗产化过程进行分析。

第一节　中国非物质文化遗产体系概况

一、中华人民共和国成立后的文化遗产保护

中国是世界文明古国,有着独特而丰富的历史文化遗产。早在中华人民共和国建立初期,1961年中国就出台了《文物保护管理暂行条例》。但刚过五年,中国就经历了"文化大革命",使国家刚刚建立起的文物保护制度遭到毁灭性的破坏,文物古迹更是遭受了广泛的、前所未有的人为破坏[①]。1972年联合国教科文组织(UNESCO)在巴黎通过了《保护世界文化和自然遗产公约》,明确了文化和自然遗产的主要内容是文物、遗址、古建筑群以及具有科学和审美价值的物质和生物结构或这类结构组成的自然风

---

① 张松:《中国文化遗产保护法制建设史回眸》,载《历史文化名城保护》,2009年,第28～29页。

貌。并成立世界遗产委员会,批准世界遗产名单、抢救和保护濒危的世界遗产名单①。

到 70 年代中期,中国的文物保护工作才得以逐步恢复。1976 年所颁布的《中华人民共和国刑法》第 173 条和第 174 条中规定了"对违反文物保护法者追究刑事责任"。1978 年,中国在邓小平的领导下实行了改革开放政策。改革开放初期以先发展农业为主,解决人民基本生活保障为前提,随后科技、教育、文化等各个领域的改革也开始启动。1980 年,国务院发布了《关于加强保护历史文物的通知》等文件,要求"认真保护各种有历史意义和艺术价值的古建筑、石刻、石窟等历史文物"。1982 年中国人大常委会第 25 次会议通过了《中华人民共和国文物保护法》,标志着中国文化遗产保护制度的创立。

2003 年 10 月 17 日,联合国教科文组织(UNESCO)第 32 届大会通过了《保护非物质文化遗产公约》,并在公约中对非物质文化遗产进行定义:"非物质文化遗产(intangible cultural heritage)指被各群体、团体、有时为个人所视为其文化遗产的各种实践、表演、表现形式、知识体系和技能及其有关的工具、实物、工艺品和文化场所。"呼吁世界各国加强对非物质文化遗产的保护②。对此,2005 年中国政府下达《关于加强文化遗产保护的通知》和《国务院办公厅关于加强我国非物质文化遗产保护工作的意见》,并强调积极推进对非物质文化遗产的保护。2006 年,中国非物质文化遗产保护中心在北京成立,也标志着中国非物质文化遗产保护体系的正式确立。

二、中国非物质文化遗产体系组织机构及其职能

2003 年,联合国教科文组织(UNESCO)通过了《保护非物质文化遗产公约》,中国也是其中的成员国之一,并达成了与其他各成员国一同保护非物质文化遗产的共识。2006 年 9 月,中国非物质文化遗产保护中心(简称"非遗中心")在中国艺术研究院挂牌成立。该机构是由国家文化部主管、国家艺术研究院主办。随后,文化部在2009 年 3 月设立了非物质文化遗产司(非遗司)来配合国家"非遗中心"开展工作,并成立国家非物质文化遗产保护工作专家委员会来评选国家级非物质文化遗产项目。各省、市、县级文化部门也陆续成立非物质文化遗产处(非遗处)、科(办公室)并下设附属事业单位"非物质文化遗产保护中心"。随着各省、市、县级非物质文化遗产单位的设立和各级非物质文化遗产数字网络平台的建立,整个非物质文化遗产体系成网状结构铺开。例如,2006 年,贵州省文化厅下设贵州省非物质文化遗产保护中心;2009 年,成立了第一届贵州省非物质文化遗产保护工作专家委员会;2010 年,贵州文

---

① 国家文化部非遗司:《保护世界文化和自然遗产公约》(联合国教科文组织大会第十七届会议于1972 年 11 月 16 日在巴黎通过),http://www.mcprc.gov.cn/sjzz/fwzwhycs_sjzz/fwzwhycs_flfg/201111/t20111128_356515.htm.

② 国家文化部非遗司:《保护非物质文化遗产公约》(联合国教科文组织第三十二届会议于 2003年 10 月 17 日在巴黎通过),http://www.mcprc.gov.cn/sjzz/fwzwhycs_sjzz/fwzwhycs_flfg/201111/t20111128_356516.htm.

化厅非物质文化遗产处挂牌独立。2012 年,黔东南州文体广电局下设非物质文化遗产科与非物质文化遗产保护中心;2011 年,台江县文体广电旅游局下设非物质文化遗产办公室和非物质文化遗产保护中心。整个非物质文化遗产保护体系的组织机构如图 5-1 所示,非遗体系中组织机构的各职能如图 5-1 所示。

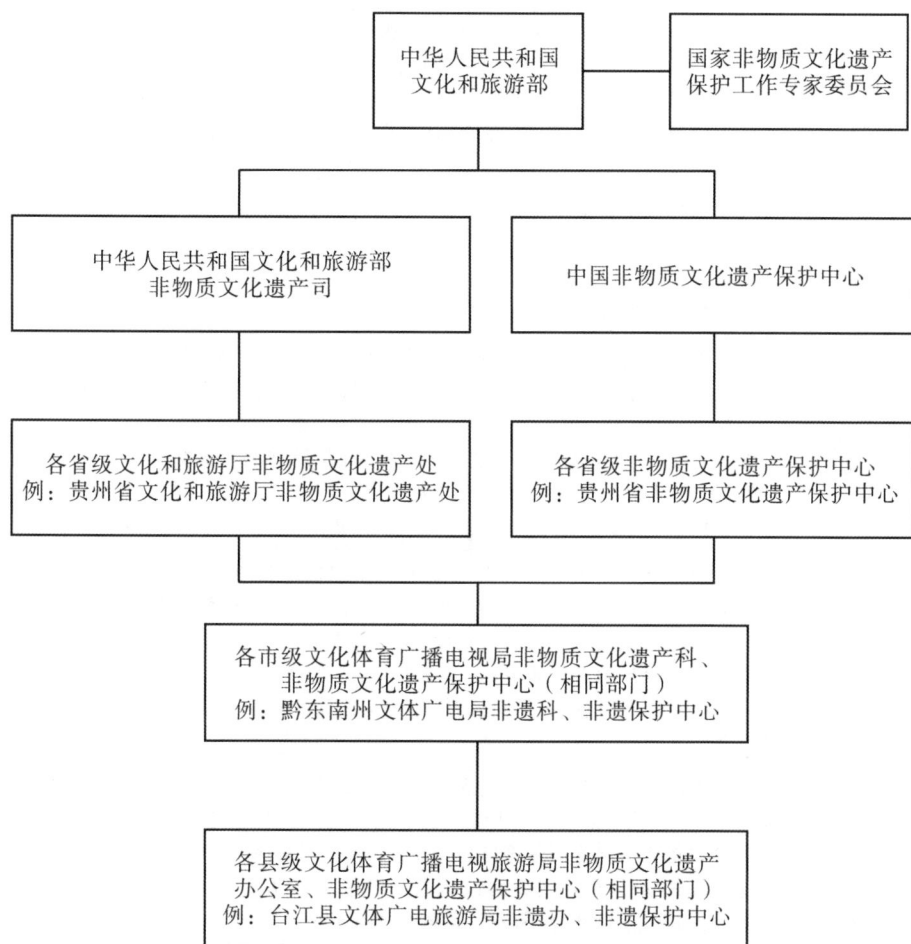

图 5-1　中国的非物质文化遗产保护体系的组织图

资料来源:中国非物质文化遗产网,http://www.ihchina.cn/2/2_1.html,下载日期:2019 年 3 月 1 日。

表 5-1　中国非物质文化遗产体系组织机构职能一览表

组织机构名称	主要职能	所属
文化和旅游部非物质文化遗产司	拟订非物质文化遗产保护政策,起草有关法规草案;拟订国家级非物质文化遗产代表项目保护规划;组织开展非物质文化遗产保护工作,承办国家级非物质文化遗产代表项目的申报与评审工作;组织实施优秀民族文化的传承普及工作;承担清史纂修工作。	文化和旅游部
国家非物质文化遗产保护中心	承担全国非物质文化遗产保护的有关具体工作,履行非物质文化遗产保护工作的政策咨询;组织全国范围普查工作的开展;指导保护计划的实施;进行非物质文化遗产保护的理论研究;举办学术、展览(演)及公益活动,交流、推介、宣传保护工作的成果和经验;组织实施研究成果的发表和人才培训等工作职能。	文化和旅游部
国家非物质文化遗产保护工作专家委员会	非物质文化遗产保护规划的制定;普查方案的制定和实施;国家级非物质文化遗产名录的评审;国家级非物质文化遗产项目传承人的认定;国家级非物质文化遗产名录的保护与管理;非物质文化遗产保护相关标准规范的制定等。	文化和旅游部
贵州省文化和旅游厅非物质文化遗产处	拟订全省非物质文化遗产保护规划;承办国家级非物质文化遗产代表项目、项目代表性传承人的申报和省级非物质文化遗产代表项目、项目代表性传承人评审的有关工作;组织开展非物质文化遗产保护工作,建立非物质文化遗产保护体系,推动非物质文化遗产的挖掘、保护和传承;组织开展全省非物质文化遗产普查和相关人员的培训工作;对全省非物质文化遗产保护工作进行监督和评估。	贵州省文化和旅游厅
贵州省非物质文化遗产保护中心	承担全省非物质文化遗产保护利用和传承发展;开展非物质文化遗产保护工作的资源普查;项目申报、项目管理和政策咨询;承担全省非物质文化遗产数据库建设;指导保护计划的实施;进行非物质文化遗产保护的理论研究;举办学术、展览(演)及公益活动,交流、推介、宣传保护工作的成果和经验;组织实施研究成果的发表和人才培训等工作。	贵州省文化和旅游厅
黔东南州文体广电局非物质文化遗产科、非物质文化遗产保护中心	拟订全州民族文化事业繁荣发展规划和非物质文化遗产保护规划;承办文化生态保护区申报工作,指导全州文化生态保护区建设;指导非物质文化遗产数据库建设工作;承办国家级、省级非物质文化遗产代表项目、项目代表性传承人的申报工作和州级非物质文化代表项目、项目代表性传承人评审的有关工作;组织开展非物质文化遗产保护工作,建立非物质文化遗产保护体系,推动非物质文化遗产的挖掘、保护传承和普及;组织开展全州非物质文化遗产深度普查和相关人员的培训工作;对全州非物质文化遗产保护工作进行监督和评估。	黔东南州文体广电局
台江县文体广电旅游局非物质文化遗产保护办公室、非物质文化遗产保护中心	制定本县非物质文化遗产研究和保护总体规划及分布规划;制定本县非物质文化遗产抢救保护技术标准和工作规范;组织我县非物质文化遗产的普查、挖掘、抢救、研究、保护和整理工作;具体承担非物质文化遗产项目的申报工作;负责对全县基层非物质文化遗产从业人员的指导和业务培训;组织开展非物质文化遗产对外交流与合作;承担省、州非物质文化遗产研究保护中心下达的各项任务;建立和管理全县非物质文化遗产的档案资料库和网站等。	台江县文体广电旅游局

资料来源:根据中国非物质文化遗产网、文化部非物质文化遗产司网、贵州省非物质文化遗产网、黔东南人民政府网、台江县非物质文化遗产办公室等资料整理编制而成。

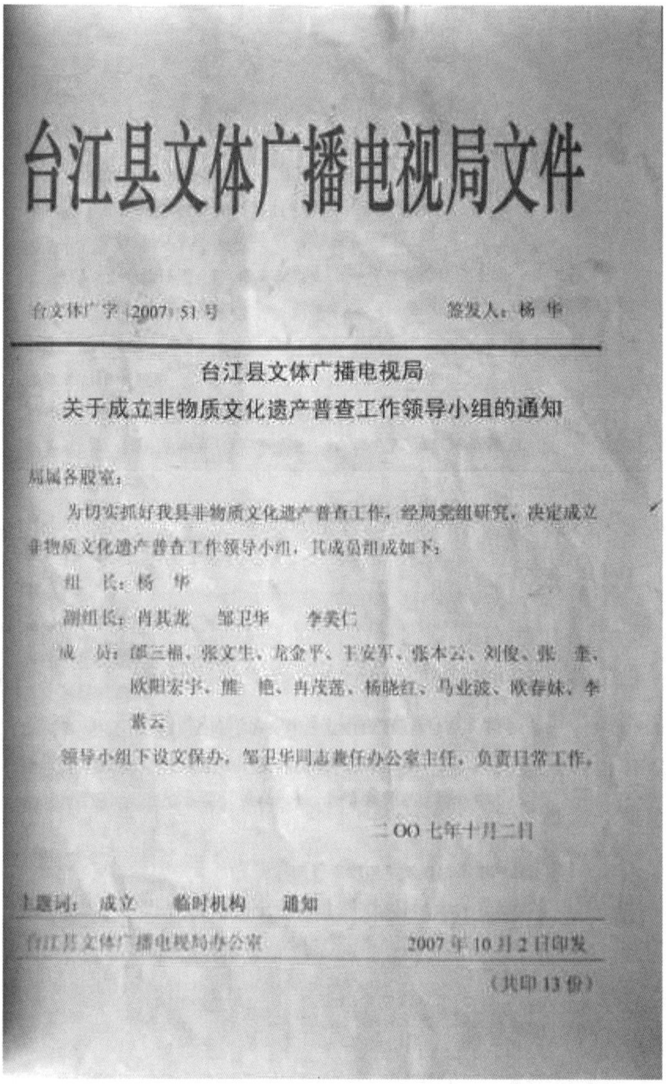

台江县文体广播电视局文件

台文体广字〔2007〕51号　　签发人：杨 华

台江县文体广播电视局
关于成立非物质文化遗产普查工作领导小组的通知

局属各股室：

为切实抓好我县非物质文化遗产普查工作，经局党组研究，决定成立非物质文化遗产普查工作领导小组，其成员组成如下：

组　长：杨　华

副组长：肖其龙　邹卫华　李美仁

成　员：邰三福、张文生、龙金平、王安军、张本云、刘俊、张　奎、欧阳宏宇、熊　艳、冉茂莲、杨晓红、马业波、欧春妹、李紫云

领导小组下设文保办，邹卫华同志兼任办公室主任，负责日常工作。

二OO七年十月二日

主题词：成立　临时机构　通知

台江县文体广播电视局办公室　　2007年10月2日印发

（共印13份）

图 5-2　关于成立台江非遗调查工作领导小组的通知

中国非物质文化遗产标志是在 2006 年 6 月 10 日举办的中国第一个“文化遗产日”公布的。标志外部图形为圆形，象征着“循环，永不消失”；内部图形为方形，与外圆对应，天圆地方，表达“非物质文化遗产存在空间有极大的广阔性”；图形中心造型为古陶最早出现的纹样之一的鱼纹，隐含“文”字。“文”指非物质文化遗产，而鱼生于水，寓意“中国非物质文化遗产源远流长，世代相传”；图形中心，抽象的双手上下共护于“文”字，意取“团结、和谐、细心呵护和保护非物质文化遗产、守护精神家园”的寓意。（如图 5-3 所示）

图 5-3 中国非物质文化遗产标志

资料来源：中国非物质文化遗产网，http://www.ihchina.cn/，下载日期：2016 年 1 月 27 日。

三、中国非物质文化遗产的政策与法规

（一）非物质文化遗产的定义

2005 年，中国政府国务院颁布了《关于加强我国非物质文化遗产保护工作的意见》，明确指出了非物质文化遗产可分为两类："（1）传统的文化表现形式，如民俗活动、表演艺术、传统知识和技能等；（2）文化空间，即定期举行传统文化活动或集中展现传统文化表现形式的场所，兼具空间性和时间性。"①并暂定第一批、第二批国家级非物质文化遗产代表作的申报评定工作由非物质文化遗产保护工作部际联席会议办公室具体实施。到 2011 年 2 月，全国人民代表大会常务委员会通过了《中华人民共和国非物质文化遗产法》，法中对中国非物质文化遗产的明确定义为，"指各族人民世代相传并视为其文化遗产组成部分的各种传统文化表现形式，以及与传统文化表现形式相关的实物和场所。包括：（一）传统口头文学以及作为其载体的语言；（二）传统美术、书法、音乐、舞蹈、戏曲、曲艺和杂技；（三）传统技艺、医药和历法；（四）传统礼仪、节庆等民俗；（五）传统体育和游艺；（六）其他非物质文化遗产。属于非物质文化遗产组成部分的实物和场所，凡属文物的，适用《中华人民共和国文物保护法》的有关规定。"②

（二）非物质文化遗产项目的评定办法

中国国务院建立国家级非物质文化遗产代表性项目名录，并允许省级政府建立地方非物质文化遗产代表性项目名录并对其予以保护。省级政府可以从本省级非物质文化遗产代表性项目名录中直接向国务院文化主管部门推荐列入国家级非物质文化遗产代表性项目名录，这也是国家级非物质文化遗产名录的主要评选方法。具体推荐时应当提交下列材料：

---

① 中国中央人民政府：《国务院办公厅关于加强我国非物质文化遗产保护工作的意见（2005）》。
② 《中华人民共和国非物质文化遗产法》，法律出版社 2011 年版，第 4 页。

1.项目介绍,包括项目的名称、历史、现状和价值;

2.传承情况介绍,包括传承范围传承谱系、传承人的技艺水平、传承活动的社会影响;

3.保护要求,包括保护应当达到的目标和应当采取的措施、步骤、管理制度;

4.有助于说明项目的视听资料等材料。①

公民、法人和其他组织也可以直接向省级政府或国务院文化主管部门提出列入国家级非物质文化遗产代表性项目名录的建议。相同的非物质文化遗产项目,其形式和内涵在两个以上地区均保持完整的,可以同时列入同一项国家级非物质文化遗产代表性项目名录。②

法中规定了国务院文化主管部门应当组织专家评审小组和专家评审委员会,对推荐或者建议列入国家级非物质文化遗产代表性项目名录的非物质文化遗产项目进行初评和审议。这也代替了之前暂定由非物质文化遗产保护工作部际联席会议办公室对项目的申报评定工作。截至目前,国家级非物质文化遗产项目名录已公布4批,具体项目名录中分为10项,其分别是:(1)民间文学;(2)传统音乐(民间音乐);(3)传统舞蹈(民间舞蹈);(4)传统戏剧;(5)曲艺;(6)传统体育、游艺与杂技(杂技与竞技);(7)传统美术(民间美术);(8)传统技艺(传统手工技艺);(9)传统医药;(10)民俗。(如表5-2所示)

表5-2 国家级非物质文化遗产项目名录数量统计表一览(2006—2014)

序号	项目名称	批次(年份)	数量	合计
1	民间文学	第一批(2006)	31	155
		第二批(2008)	53	
		第三批(2011)	41	
		第四批(2014)	30	
2	传统音乐(民间音乐)	第一批(2006)	72	170
		第二批(2008)	67	
		第三批(2011)	16	
		第四批(2014)	15	
3	传统舞蹈(民间舞蹈)	第一批(2006)	41	131
		第二批(2008)	67	
		第三批(2011)	16	
		第四批(2014)	15	

---

① 《中华人民共和国非物质文化遗产法》,法律出版社2011年版,第7~9页。

② 《中华人民共和国非物质文化遗产法》,法律出版社2011年版,第7~9页。

续表

序号	项目名称	批次（年份）	数量	合计
4	传统戏剧	第一批（2006）	92	162
		第二批（2008）	46	
		第三批（2011）	20	
		第四批（2014）	4	
5	曲艺	第一批（2006）	46	127
		第二批（2008）	50	
		第三批（2011）	18	
		第四批（2014）	13	
6	传统体育、游艺与杂技（杂技与竞技）	第一批（2006）	17	82
		第二批（2008）	38	
		第三批（2011）	15	
		第四批（2014）	12	
7	传统美术（民间美术）	第一批（2006）	51	122
		第二批（2008）	45	
		第三批（2011）	13	
		第四批（2014）	13	
8	传统技艺（传统手工技艺）	第一批（2006）	89	241
		第二批（2008）	97	
		第三批（2011）	26	
		第四批（2014）	29	
9	传统医药	第一批（2006）	9	23
		第二批（2008）	8	
		第三批（2011）	4	
		第四批（2014）	2	
10	民俗	第一批（2006）	70	159
		第二批（2008）	51	
		第三批（2011）	23	
		第四批（2014）	15	
总　计				1 372

资料来源：根据中国非物质文化遗产数字博物馆官方网站的数据编制而成，http://www.ihchina. cn/show/feiyiweb/html/com. tjopen. define. pojo. feiyiwangzhan. GuoJiaMingLu. guojiamingluMore. html，2016 年 1 月 27 日。

经国务院批准、公布后的非物质文化遗产代表性项目,国务院文化主管部门应当组织制定保护规划予以保护。省级政府文化主管部门应当组织制定保护规划,对本级政府批准公布的地方非物质文化遗产代表性项目予以保护。制定非物质文化遗产代表性项目保护规划,应当对濒临消失的非物质文化遗产代表性项目予以重点保护。如贵州省于 2012 年 3 月经省人大常委会会议通过的《贵州省非物质文化遗产保护条例》对保护责任单位履行的具体职责做了如下规定:"(一)收集该项目的实物、资料,并登记、整理、建档;(二)保护该项目相关的文化场所;(三)开展该项目的展示展演活动;(四)为该项目传承及相关活动提供必要条件;(五)定期报告项目保护实施情况,并接受监督。"[1]截至目前,中国国家级非物质文化遗产项目总数为 1372 项,其中入选联合国教科文组织的非遗名录的项目已达 34 个,也是目前世界上拥有世界非物质文化遗产数量最多的国家。

第二节　地方非物质文化遗产的保护与活用:以贵州省和台江县为例

2011 年的中国国家非物质文化遗产法规定,拥有非物质文化遗产的地区,由当地的文化主管部门来开展专门的保护工作。因此,当所属人民政府要对非物质文化遗产进行认定,并进行保护活动时,必须尊重该地区的居民的意愿,对属于非物质文化遗产的实物和场所进行保护,防止破坏。此外,当保护活动与非物质文化遗产地区的道路整备计划等相抵触时,管辖该地区的城乡规划主管部门应在参照相关法律法规的基础上制定保护政策。另一方面,国家致力于支持其发挥作为非物质文化遗产的资源的价值(以旅游经济价值为中心),县级以上的地方人民政府可以申请税收的减免就是其中一个例子。[2]

本研究的对象苗族所居住的贵州省在 2012 年发布的《贵州省非物质文化遗产保护条例》中,对保护的内容记载如下:

"把拥有非物质文化遗产的地区设为文化生态保护区,将其整体作为保护的对象。县级以上的政府,应把相应的非物质文化遗产作为民族文化产业的资源,使其发挥价值,也就是对具有民族特色和经济价值的文化产品及文化服务的开发支援。届时,则可使用国家所规定税收减免制度。"[3]

在《贵州省非物质文化遗产保护条例》发布两年后的 2014 年,贵州省制定了《贵州省非物质文化遗产保护发展计划(2014—2020 年)》,贵州省文化厅厅长许明对其宗旨说明如下:

---

① 贵州省文化厅:《贵州省非物质文化遗产保护条例》,2012 年,第 6～7 页。
② 《中华人民共和国非物质文化遗产法》,法律出版社 2011 年版,第 9～13 页。
③ 贵州省人民代表大会常务委员会:《贵州省非物质文化遗产保护条例》,2012 年,第 11～15 页。

"目的在于民族的传统文化的活用。计划在'十二五'期末之前完成全省统一的数据库，把'多彩贵州'的品牌在各种各样的媒体上进行宣传。到2020年，要实现非物质文化遗产的数据库化，让非物质文化遗产的保护就算在全国也是处于最顶端的位置，使贵州称为中国原生态文化交流和展示的重要基地。这就是本计划所追求的目标。"①

此外，这个保护发展计划是以设置3个国家级非物质文化遗产生产性保护示范基地以及28个省级非物质文化遗产生产性示范基地为目标的。②

在上述事件之前，苗族龙舟竞渡所属的台江县政府在2001年，关于苗族文化观光发表了以下见解。

"苗族文化的保护以及向联合国教科文组织进行非物质文化遗产的申报，是引领中国的文化政策的重要行为。这种行为在发扬民族文化、提升民族自豪和自信、建设精神文明和公民道德、密切党和人民的关系上具有极为重大的意义。要把我县的苗族文化资源置位于世界的全球市场之中，对它进行充分的开发，把我县改造成真正意义上的'苗疆文化生态之旅的胜地'，把旅游业定为我县产业和财政的支柱，从而促进我县经济的全面发展。"③

但是，从此见解发表到《贵州省非物质文化遗产保护条例》发布为止的10年间，苗族却发生了下列深刻的问题。

也就是说，苗族从前是过着完全自给自足的生活的，但伴随着近现代化进程的推进，他们当中离乡别井、来到经济发达都市的人变多了。尤其年轻人更是有此倾向，随着时间的流逝，他们慢慢被外面的生活和思考方式同化，对祖辈父辈流传下来的苗族文化产生了质疑，认为这些是遗留的落后思想而产生自卑感，因而变得羞愧。

另一方面，由于电视等的普及，遗留在村里的苗族也把自己的兴趣从传统文化转移到现代都市文化及国际文化上了，使得对自己民族文化的共鸣也渐渐变得薄弱。

这与学校教育也有很大的关系。学校教育的普及对民族文化来说其实是一把双刃剑。一方面它拓宽了人们的视野、使人们注意到了多种多样的文化的存在；而另一方面，它反而会促使人们离开苗族文化。也就是，对于整个成长期都在学校学习全国共通知识的苗族子弟来说，他们原来用于学习民族文化并转化为自身内涵的时间无法充分得到保证，因此，学校教育自然就成为了非物质文化遗产的传承和保护中的重大的障碍。这种状况应该得到改善，而台江县也开始注重苗族文化的教育，但由于相关教师缺乏经验，因而课程的形成也推迟了。

这样的状况，导致了非物质文化遗产保护活动的低迷。再加上，每年几万元的保

① 杜再江：《非遗保护贵州经验有力探索》，贵州省非物质文化遗产网，http://www.gzfwz.com/WebArticle/ShowContent? ID=1409，下载日期：2014年5月7日。

② 《贵州省非物质文化遗产保护发展规划2014—2020年》，《贵州民族报》2014年6月12日C4版。

③ 台江县人民政府：《关于成立台江县苗族文化保护委员会及台江县世界遗产申报委员会以及其办公室的通知》，第61号，2001年12月18日。

护资金也只是杯水车薪。实际上,即使在中国台江县也是最贫穷的县之一。

其结果则是,人们对提供到市场的民间工艺品的评价是品种少、品质差、附加值低。因此,越来越多的人期待对策。

基于此,台江县非物质文化遗产事务所在详细查阅了国家、省、州各级的各种非物质文化遗产保护相关法律的基础上,在 2013 年制定了《台江非物质文化遗产保护实施细则》,并决定依次推进实行。

此实施细则包括:①对保护活动负责的专门委员会的设置;②培养传承者;③经费的预算使用;④向企业和个人募集资金,融资;⑤对传统文化的多样的传承方法的支援;⑥连接传承者与文化产业的政策支援;⑦非物质文化遗产的设施、设备、场所的整备支援;⑧奖罚制度的引入。

同时,决定设置文化生态保护区,具体分为①以芦笙文化为特征的南部(方召乡、南宫乡);②以情歌为特征的中部(抬拱镇);③以独木龙舟节、姊妹节、刺绣、银饰工艺为特征的北部(老屯乡、施洞镇),每一个地区建设 2～3 个民族文化生态保护村。

此外,连接传承者与文化产业的经营活动,初步设想有排羊、台拱、老屯、施洞等地区的刺绣及银饰加工。

关于传承者培养基地,西部(革一乡、台盘乡)的古歌培训基地、以县城关中小学为中心的歌舞培训基地,北部的刺绣与银饰工艺培训基地等名单在列。

为了确保上述计划内容等确切地得到落实,规定了要以每五年提交一次的"国家五年发展计划"为蓝本,进一步制定台江县非物质文化遗产保护的五年计划。[①]

表 5-3　台江县非物质文遗产项目一览表(含国家级、省级)

项目级别	项目名称	项目类别	项目内容
国家级	反排木鼓舞	传统舞蹈 (民间舞蹈)	反排木鼓舞是一个祭祀性舞蹈,源于祭鼓节。它曾是氏族、部落聚集祭鼓的一种祭祖性集体舞蹈,随着祭鼓节习俗不断发展流传开来。方召乡反排村的木鼓舞是其中典型代表,舞姿粗放豪迈,被誉为东方迪斯科。
国家级	苗族 古歌	传统音乐 (民间音乐)	苗族古歌又称《苗族史诗》。通常将其分为《金银歌》《古枫歌》《蝴蝶歌》《洪水滔天》和《溯河西迁》五大部分,分别叙述了天地的由来、人类的产生、洪水灭万物及人类再造和苗族的迁徙等方面的内容。
国家级	苗族 姊妹节	民俗	苗族姊妹节是每年农历三月十五至十七日在施洞、老屯等地的一种传统婚恋节日聚会方式。苗语称作"浓嘎良",以苗族青年女子为中心,以邀约情人一起游方对歌、吃姊妹饭、跳芦笙木鼓舞、互赠信物、订婚等为主要活动内容。它真实展现了人类社会在母系氏族时期,由妇女掌管政治、经济和文化大权,主导社会事务的习俗。

---

① 台江县非物质文化遗产中心:《台江县省级(国家级)非物质文化遗产工作监查材料(一)》,2013年,第 27～29 页。

续表

项目级别	项目名称	项目类别	项目内容
国家级	苗族多声部民歌	传统音乐(民间音乐)	苗族多声部民歌是流传在方召乡、南宫乡、革一乡的部分苗族村寨中的一种苗族原生态民歌。具有地域性很强的独特的旋律、和声以及无伴奏的五声音阶等特点。歌词内容丰富,主要包括根据青年男女从接触到相恋、相爱到成婚的过程。
国家级	苗族服饰技艺	传统技艺(传统手工技艺)	苗族服饰包括了长裙、中裙、和短裙三大系列的绝大部分亚系列,大致可分为方你型、方纠型、方南型、方翁型、方黎型、方白型、方秀型。翁芒型、后哨型等九大类型 100 多种款式。在各种类型的服饰中,女装最具文化内涵,其内容丰富、形式多样、造型古朴神秘、色彩奇巧,被称为"穿在身上的史书"。
国家级	苗绣	传统技艺(传统手工技艺)	台江苗族服饰种类繁多,装饰图案不胜枚举,蝴蝶、水牛和锦鸡图案和造型是必不可少的。在这些图案中,"蝴蝶"和"牛角"是对称造型的典范,彰显了苗族人民以对称、和谐为美的审美情趣,体现了台江苗族服饰的图腾意识和审美情趣的完美契合的特征。
国家级	苗族织锦技艺	传统技艺(传统手工技艺)	台江苗族织锦有机织和编织两大类,机织为宽锦,主要流行于清水江两岸和巴拉河一带,编织的是锦带,主要流行于雷公山区。机织是苗族妇女采用传统的"通经回纬"技艺和平纹木机,利用当地所产的蚕丝、苎麻、木棉等纤维染彩织就的提花织物。
国家级	苗族银饰锻制技艺	传统技艺(传统手工技艺)	苗族银饰分为施洞型、巴拉河型、黄平型。主要有银角、银雀、银簪、银梳、银头围、银头花、银羽、耳柱、耳环、项圈等等。是苗族村民把美丽与财富结合为一体的产物,未婚女子希望通过银饰得到异性的青睐。
国家级	苗族独木龙舟节	民俗	苗族独木龙舟节苗语称作"恰翁(qiab vongx)",意为"划龙",是一个集苗族竞技体育文化、宗教信仰文化、民族服饰文化、民族饮食文化、民族歌舞文化为一体的苗族传统活动与传统节日集会,流行于以施洞镇为中心的 600 多平方公里的清水江流域,活动期间要举行隆重的祭祀仪式,时间在农历五月二十四至二十七日。
省级	嘎百福	曲艺	嘎百福是台江苗族韵白相间,以传说故事为主,在重要情节上运用概括力较强的诗歌,形成开头结尾是散文、中间是韵文和散文夹杂、有说有唱的文学体裁,具有民族风格的完整独特的艺术形式。
省级	苗族鼓藏节	民俗	"鼓藏节"又称"祭祖节",苗语称"镶姜略",简称"努略",俗称"祭鼓节",是黔东南苗族以氏族为单位举办的祭祖大典。是每 13 年举行一次的最盛大的祭祀活动。节日期间,男女老少都要身着盛装,参加跳芦笙、踩木鼓或铜鼓、杀猪、杀牛祭祖活动,以示苗族同胞对先祖的深情缅怀,凝聚一脉相承的力量。

续表

项目级别	项目名称	项目类别	项目内容
省级	苗族 祭桥节	民俗	苗族人民居住的地方一般都依山傍水,桥是不可缺少的。桥给他们的生产生活带来了方便,苗族人民认为,万象万物都有神,桥神能给人送子、送财、添寿,所以要选择一个日子敬祭桥神。每年二月二,各家都煮许多的鸡鸭鹅蛋、糯米饭和腊肉,杀鸡、杀鸭、备酒,用竹篮提到有桥的地方去敬桥神。
省级	苗族 剪纸	传统技艺 (传统手工技艺)	苗族剪纸是苗族刺绣的孪生姐妹,是刺绣的花纹底样、蓝本和第一道工序。经过刺绣加工后,其艺术性全然在刺绣上表现出来。苗族剪纸是苗族人民在漫长历史发展过程中创造的一门传统工艺,它是苗族人民世代智慧的结晶。

资料来源:根据《2013 年台江县非物质文化遗产代表性项目督查自查材料(二)》编制而成。

第三节 非物质文化遗产"苗族独木龙舟节"

2008 年,本研究的研究对象清水江苗族龙舟竞渡以"苗族独木龙舟节"为名并以民俗节日的定位被评选为中国国家级非物质文化遗产。(如图 5-4 所示)

图 5-4 国务院发行的认定证

资料来源:台江县文体广电旅游局。

一、认定过程

2005,台江县文体广电局、非物质文化遗产办公室以"苗族独木龙舟节"作为文化空间类民俗节日项目申报国家级非物质文化遗产。申报过程是先从台江县文体广电局提交申请报告至黔东南州文化局,后由黔东南州文化局审批通过后,再向国家文化部、非物质文化遗产中心提交《国家级非物质文化遗产代表作申报书》。申报期间的申请报告及《国家级非物质文化遗产代表作申报书》是由台江县非物质文化遗产办公室委托多个民俗学者进行资料收集、整理与编撰的,其中内容有明显的民俗化倾向,体现出了可具开发的文化资源活化性。以下为申请报告部分内容:

施洞龙舟节是贵州省台江县施洞镇苗族人民每年农历五月二十四至二十七日举行的民族苗族独木龙舟赛活动的传统节日,届时,当地苗族人民在清水江中游和相邻巴拉河下游举行为期三天的龙舟大赛,其规模的盛大,气氛的热烈以及龙舟赛事礼仪的独特闻名遐迩,享誉中外。每年龙舟节都有五六万观众及几百外宾前往观光或作学说考察。龙舟节即苗族独木龙舟赛是我国著名的民族节日与民族传统体育竞技之一。施洞独木龙舟文化具有众多的独特性。其一,施洞龙舟的龙身是分别由三根特别的大村剞制而成的独木舟,制作独木舟的大树一般直径须 1 米以上,需高 30 米以上的大杉树取其无枝丫的树干方能制作独木龙舟。舟长 24~27 米,重 3~4 吨,正如苗家人说,他们的龙身是世界上综合最大的体育运动专用器材。其二,施洞苗族每届龙舟赛事都必须在"鼓主"的主持下进行,"鼓主"及苗族氏族的首领,苗族以"鼓"作为氏族或部落的代表,每届都由民主选举产生的具有组织管理能力的德高望重的长者担任。"鼓主"既主持应届的龙舟赛事,又负责任期氏族内部各项事务的组织管理和氏族内外纠纷的协调或者组织应付行动。可见其原始父系氏族社会的遗风。其三,表现苗族多神论的巫教信仰。苗族世代居住山区、信巫事神,苗家造龙舟选龙树要吉日,砍龙树要选吉日,并且要祭天地山水头,戴礼帽,穿古礼服,端坐击鼓。"童女"(男童装扮),全身新衣银饰,与"鼓头"对坐打锣。36 个桡手统一身着民族新装,头戴马尾丝编制的斗笠,斗笠后缀燕尾银片。其四,划龙船时抢桨点水,口唱飞歌。是日,"鼓头"亲友都来鸣炮敬酒献牲礼。龙船上司事人员统一在船上吃手抓饭,手抓肉等习俗,很多方面表现了苗族古老的祭祀礼仪与传统习俗。其五,表现苗族热情好客的习俗。节日期间,当地苗族家家准备了待客的鸡鸭鹅和几百斤米,家家盛情接待八方来客,客人不论是否亲戚,不论哪种身份、哪种民族,认识与不认识,一律同等对待,表现了苗族朴实善良、热情好客的风尚。

总之苗族独木龙舟文化中龙舟赛事以及各项礼仪独特,均具有珍贵的保护价值。近来苗族独木龙舟文化消失现象严重,上世纪五十年代施洞地区每年有三十多只龙舟下水竞赛,八十年代每年也有二十来只龙舟下水竞赛。近五六年来每年仅有几只龙舟下水了。龙舟礼、仪也简化多了,很多龙舟和龙舟棚遭朽破损,民间无力维修,保护施洞独木龙舟文化迫在眉睫。因此,特请示国家将施洞独木龙舟文化审定为国家非物质文化遗产代表作。使这一独特的民族体育竞技与文化习俗得以抢救与保护。特此申报。①

《国家级非物质文化遗产代表作申报书》包含的内容有:一、基本信息部分,即包

---

① 台江县文化体育广播电视局:《关于将〈施洞独木龙舟文化〉列为国家级非物质文化遗产单位的申请报告》,2007 年。

括所在区域及地理环境;二、项目说明部分,包括分布区域、历史渊源、基本内容、相关器具及制品、传承谱系;三、项目论证部分,包括基本特征、主要价值、濒危状况;四、项目管理部分,包括管理组织、前期资金投入情况、已采取的保护措施;五、保护计划部分,包括保护内容、五年计划、保障措施、建立机制、经费预算及其依据说明等内容。其中主要价值与濒临状况是评价申报项目的核心部分,列出其中部分内容如表 5-4 所示:

表 5-4　《"苗族独木龙舟节"国家级非物质文化遗产代表作申报书》部分内容

主 要 价 值	施洞苗族"独木龙舟节"是以竞技体育为载体,以展示民族文化为手段,以传承民族精神为目的的活动,具有重要的竞技体育价值、历史价值和社会价值。 　　1.施洞"独木龙舟节"既是文化空间,同时又是竞技体育项目,"划龙"活动所用的龙舟是世界上最大的专用竞技体育器材之一,这就要求参加"划龙"活动的所有成员要齐心协力、奋勇向前,树立竞技体育的勇往直前的精神,对于锻炼和增强民族体质、提高全民族的整体素质具有重要的价值。 　　2.施洞苗族"独木龙舟节"是一项古老的竞技体育项目,所用的独木龙舟为我们研究人类最古老的交通工具提供了鲜活的实证;站立划的形式为我们研究岩画文化、彩陶文化的构图和符号提供了活的例证,具有重要的历史价值。 　　3.施洞"独木龙舟节"以氏族为单位参加的组织形式,表现了苗族古老的父系氏族制的遗风。苗族每届"划龙"活动都是在"鼓头"的组织下进行的。"鼓头"是苗族在一届"划龙"后选举出来的氏族首领,不仅负责当届龙舟赛事,而且负责氏族内部的与"划龙"活动有关的各项事务的管理和本氏族的内外纠纷的调处,这为我们研究父系氏族社会的社会组织和公共事务管理提供了很有价值的坐标。 　　4.施洞苗族"划龙"前的"下水仪式"祭祀中诸多神祇的现象,为我们研究苗族原始宗教以及与此相关的习俗、礼仪的发展变化提供明显的线索。 　　5.施洞"独木龙舟节"是展示民族文化的载体,模塑民族心理的平台,通过"划龙"活动,苗族的精美绝伦的服饰文化、美轮美奂的歌舞文化、五彩缤纷饮食文化得到有效的传承,民族的认同感和共同的心理素质得到了强化,民族凝聚力得到有效的增强,具有其他活动无法替代的作用。
濒 危 状 况	和其他非物质文化遗产项目一样,施洞苗族"独木龙舟节"同样濒临传承危机,面临着失传的危险。在 20 世纪 50—60 年代,每年的"划龙"活动都有 20～30 只龙舟参赛,80 年代中前期,每年"划龙"活动也有 10 多只龙舟下水竞赛,到了 20 世纪九十年代后期,每年的"划龙"活动只有几只龙舟下水竞赛了,而且仪式简单化、活动功利化、竞赛表演化的现象越来越严重。究其原因,我们认为有以下几个方面: 　　1.十年动乱期间"破四旧"是"划龙"活动濒临失传的最主要的客观原因,据不完全统计,在十年动乱期间,被毁掉的龙舟达到 30 多只,占施洞地区龙舟总数的一半以上,改革开放后,部分村寨由于原龙舟遭销毁而无力再制作龙舟了。 　　2.资源匮乏是"独木龙舟节"濒临失传的又一客观原因。当地每制作一只龙舟,需要费很大的人力与物力财力。首先制作龙舟需要二十米以上的千年古木,并且还要高大、轻便、耐朽的名贵古木,在高度重视保护林木生态的当代是较难找到这些古木的,同时这些古木价值昂贵,极难得到,再说制作一只龙舟,从砍龙树、抬龙树到制龙舟、制龙头,需要耗费一个百来户大家族的全体男劳动力约半年的时间,费时、费工、费力,同时还耗费大量的集体资金。在经济开放的年代,农村劳动力大多下海打工,在家劳力极少,制作一只龙舟更是困难,以至当地有的龙舟面临不断的破损消失而无条件和无能力再制作的窘境。 　　3.迅速发展的社会经济一体化和文化多元化是"划龙"活动濒临失传的第三个客观原因。在当今社会,各种社会文化现象丰富多彩,通过影视、新闻、网络等等手段使现代文化快速传播并普及,当地苗族也和各民族一样,部分青年热衷于现代文化的享受,无暇顾及每年一届的传统节日的乐趣,以至民族文化在现代文化的不断发展中不断受到冷落而逐渐消失。

二、保护现状

经历连续三年的申报阶段,2008 年,"苗族独木龙舟节"入选第二批国家级非物质文化遗产民俗类项目名录。这也标志着苗族龙舟竞渡活动正式通过了文化资源化的保护认定阶段,启动为接下来的文化资源活用阶段(探查、采掘与加工)的制定保护与开发规划。(如表 5-5 所示)

表 5-5　国家级非遗项目"苗族独木龙舟节""十二五"时期(2011—2015)保护规划书

项目名称		苗族独木龙舟节		编号		X――75
申报地区和单位		台江县文体广电局		批次		第二批
所属国家级文化生态保护实验区 (不属于的项目不填本项)						
项目保护单位	名称 (公章)	台江县文体广电局		法定代表人		××
	地　址	台江县建设街 64 号		邮　编		556300
	联系人	××	联系电话	××××××××		
	传　真	××××××××	电子邮箱	××××××××		
中央资金补助情况	年度	金额	年度		金额	
	2006 年	无	2009 年		无	
	2007 年	无	2010 年		无	
	2008 年	无				

"十二五"已采取保护措施及资金使用情况	具体措施	资金使用情况(金额)		
		中央资金	地方资金(万元)	总计(万元)
	1.成立了台江县龙舟协会	无	15	15
	2.政府支持维修竞技场和举办龙舟节	无	250	250
	3.维修龙舟棚、建立龙舟观礼台	无	100	100
	4.维修损坏龙舟	无	30	30
	5.已被公布为国家级目录(申报工作)	无	3	3
	6.组织文章在网络、平面媒体推介	无	3	3
	7.支持传承人开展传习活动	无	5	5
	合　　计		406	406
"十二五"期间保护总体目标	全面开展独木龙舟节普查、录像、拍照,建立完整的资料库;建立保护组织;争取保护经费实施保护工程;争取区域性的全民保护意识与保护义务;制定独木龙舟节保护传承机制,促进传承发展。			

续表

2011 至 2015 分年 度保 护计 划	2011 年	开展独木龙舟节的普查、建档工作;支持民间举办龙舟节活动,制定保护规划。
	2012 年	对破损的龙舟和漏雨腐朽的龙舟棚进行维修,扩建龙舟观礼台。
	2013 年	举办龙舟文化学术研讨会,出版龙舟文化研究图书一套。
	2014 年	整理归档普查资料,完成龙舟文化研究体系。
	2015 年	培养龙舟祭师、组织龙舟文化研究,保护传承龙舟文化。

2011 年至 2015 年项目保护经费预算总计(万元)					
中央 资金	2011 年	80	地方 资金	2011 年	20
	2012 年	55		2012 年	15
	2013 年	95		2013 年	18
	2014 年	85		2014 年	10
	2015 年	55		2015 年	17
	合 计	370		合 计	80

	年限	支出项目	金额(万元)
"十二五"中央财政资金需求明细	2011 年	1.开展独木龙舟节的普查、建档工作	20
		2.扩建龙舟赛观礼台	50
		3.举办独木龙舟大赛	10
		合　　计	80
	2012 年	1.修建龙舟集中地段码头	30
		2.对龙舟建档,支持维修损坏的龙舟	15
		3.支持举办龙舟节和举办龙舟制作艺人传承培训班	10
		合　　计	55
	2013 年	1.续建码头	50
		2.举办龙舟节、维修损坏的龙舟和龙舟棚	25
		3.召开研讨会并出版研究成果	20
		合　　计	95
	2014 年	1.续建码头	50
		2.举办龙舟节、维修损坏的龙舟和龙舟棚	25
		3.整理普查资料,出版资料集	10
		合　　计	85
	2015 年	1.举办龙舟节、维修损坏的龙舟和龙舟棚	30
		2.举办龙舟制作传承培训班	10
		3.完善龙舟博物馆馆藏	15
		合　　计	55

资料来源:《2013 年台江县非物质文化遗产代表性项目督查自查材料(一)》。

2006 年,国家体育总局下设体育文化发展中心。于 2013 年制定出《中国体育非物质文化遗产保护与推广管理办法》。[①] 旨在重视中华民族传统体育文化遗产的挖掘、整理、保护和利用,努力扩大中华体育文化的影响力,有效保护和传承中国非物质文化遗产。同年,"苗族独木龙舟"入选第一批(2013 年)中国体育非物质文化遗产保护与推广项目。(如图 5-5 所示)

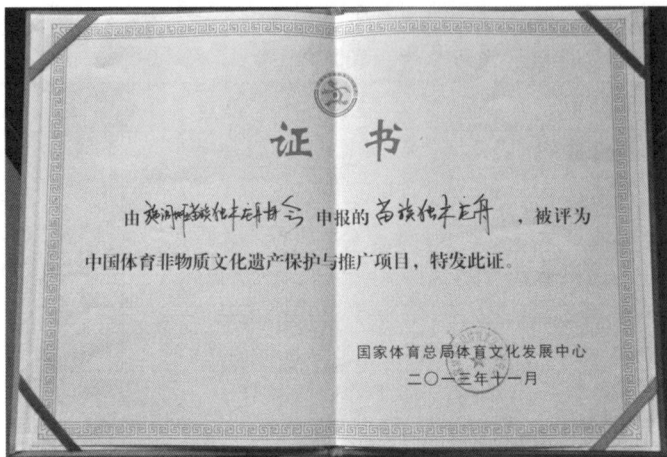

图 5-5 "苗族独木龙舟"被评为中国体育非物质文化遗产保护与推广项目的证书

在政府资金的投入、非物质文化遗产办公室等事业单位的设立以及引进外资进行旅游开发等共同作用下,"苗族独木龙舟节"已然被打造成为"多彩贵州"旅游文化品牌下的主要开发项目。截至 2013 年底,台江县非物质文化遗产办公室对"苗族独木龙舟节"项目做了以下保护工作:

(1)每年"苗族独木龙舟节"期间,县文广局都会投入保护经费予以支持。

(2)建立了以"独木龙舟节"为代表的非物质文化遗产传承基地。

(3)扶持经费对施洞码头、沿河各村寨龙舟棚进行维修等。

(4)成立了以"独木龙舟节"为代表的非物质文化遗产的划船手培训班。

(5)配合中央电视台等电视媒体拍摄"独木龙舟节"专题片,2011 年在 CCTV5 播出。

(6)深入施洞、老屯收集资料。编著出版《台江县非物质文化遗产》一书,收录"独木龙舟节"项目内容和图片。

(7)编著出版《台江画册》等对外宣传品,收录大量"独木龙舟节"图片。

(8)开展摄影大赛,吸引大量摄影家和爱好者、游客参与"独木龙舟节"节庆活动。

(9)组织施洞独木龙舟参加全国性龙舟活动,和附近县市(镇远县、施秉县、麻江

---

① 中国体育文化博览会:《中国体育非物质文化遗产保护与推广管理办法》,http://chinasports-culture-expo.sports.cn/feiyi/2013-03-25/2283113.html,下载日期:2013 年 12 月 11 日。

县下司镇）龙舟活动比赛等。

表 5-6　2011 年施洞地区龙舟数量统计表

村寨名称	所属乡镇	龙舟数量（只）	村寨旧称
南　哨	台江县施洞镇	1	
四　新	台江县施洞镇	1	
巴旺寨	施秉县双井镇	2	把往寨
竹子寨	施秉县双井镇	1	
寨　胆	施秉县双井镇	1	
旧　州	台江县施洞镇	1	
八　埂	台江县施洞镇	2	
柏枝坪	台江县施洞镇	1	
天　堂	台江县施洞镇	1	
芳　寨	台江县施洞镇	1	荒寨
塘　坝	台江县施洞镇	1	坝场
塘　龙	台江县施洞镇	1	
偏　寨	台江县施洞镇	3	
石家寨	台江县施洞镇	2	
小　河	台江县施洞镇	3	
巴拉河	台江县施洞镇	1	
平　兆	台江县施洞镇	2	
冰　洞	施秉县六合乡	2	滨洞
八　更	施秉县六合乡	2	
六合村	施秉县六合乡	3	
长　滩	台江县老屯乡	2	
老　屯	台江县老屯乡	1	
花果山	台江县老屯乡	1	
榕　山	台江县老屯乡	1	容山
岩　脚	台江县老屯乡	1	
白　土	台江县老屯乡	2	北土
大　冲	施秉县马号乡	2	
总　计		42	

图 5-6　政府出资建设的龙舟竞渡观礼大码头

图 5-7　台江县非物质文化遗产事务所编辑《台江非物质文化遗产》的封面

图 5-8　台江县非物质文化遗产事务所所保存的苗族龙舟竞渡照片(1)

图 5-9　台江县非物质文化遗产事务所所保存的苗族龙舟竞渡照片(2)

图 5-10　台江县非物质文化遗产事务所所保存的苗族龙舟竞渡照片(3)

图 5-11 台江县非物质文化遗产事务所所保存的苗族龙舟竞渡照片(4)

　　各个民族都有自己独特的文化,一个民族的文化与他们所处的地理环境、物质生产方式、社会组织形式及历史背景等有着密切的联系,各个群体和团体随着其所处环境、与自然界的相互关系和历史条件的变化不断使这种代代相传的非物质文化遗产得到创新,同时使他们自己具有一种认同感和历史感,从而促进了文化多样性并激发了人类的创造力。被认定文化资源后,"苗族独木龙舟节"作为苗族的传统节日成为苗族社会历史形成的年度时间体系中的体现之一,它包括技术、社会、精神三大层面与信仰、伦理、传说、饮食、娱乐、竞技六大要素。它既是苗族人民精神生活的集中体现,又是苗族人们沟通、调节天人关系、人际关系,以及安抚、表达内在情感的途径之一,也是苗族人们精神生活的重要表达方式。人们通过节日的祭祀活动,节日的竞技、表演,节日的互赠礼品,来抒发内心的情感、期望,从显示自己的生活地位,加强村落社区成员之间的情感依赖与精神联系,从而促进民族共同体的内聚意识。它在当代社会具有强化家庭伦理、社会伦理、历史伦理与自然伦理的文化功能,对传承苗族文化具有重大意义,是当今社会重要的非物质文化遗产。整个"苗族独木龙舟节"的文化资源认定过程也可以被看作是非物质文化遗产逐步被节俗化的过程,这个过程既有保护传承作用,也为今后资源开发和利用做了前期的准备。

第六章

苗族龙舟竞渡的观光化演变

在关于东亚民族体育观光化问题的研究讨论中,寒川恒夫提出,"导致民族体育观光化演变的原因往往是有些事情会被认为受地域经济的活化性影响较大,而这种情况下,总是行政介入的倾向性很强"。[①]

在行政指导格外突出的中国,社会发展在很大程度上是由行政来负担的。少数民族社会也不例外,近年来,他们的社会发展也被要求应以政府最新奖励的文化产业政策为基础。贵州省政府正准备以贵州省苗族的龙舟竞渡为模型范例来推行此政策。政府打算把传统的龙舟竞渡转化成非物质文化遗产,使之观光资源化,从而推进文化产业的发展。

在本章中,将对苗族的龙舟竞渡是如何从封闭在苗族当地每年的惯例活动向面对中国乃至世界开放的国家非物质文化遗产"苗族独木龙舟节"进行观光化演变的这一过程进行重新构筑。

第一节　中国的文化产业政策

中国的经济因改革开放政策而得到了飞速的发展,但同时也相继引发了一些问题。那就是人和地区之间显现出来的经济上的差距,还有环境破坏问题。

在此问题的深刻程度不断加大之中,政府出台了各种各样的差距纠正政策,其中1992年提出了"可持续发展"战略。这引导了2000年1月的"西部大开发"政策,想要

---

① 寒川恒夫主编:《東アジアにおける民族スポーツの観光化変容》,研究成果报告书,2008年,第1页。

不依靠其他力量,仅凭自己的可持续文化资源打造的观光文化产业来活跃地区经济[①]。

经济上的稳定会带来社会的稳定。对于少数民族聚居的经济发展落后的内陆来说,"西部大开发"正是出色且合适的策略。而不会带来环境破坏的苗族的龙舟竞渡,则作为一个很好的例子,通过贵州省政府被强力地文化资源化了。

更直接地引导了苗族的龙舟竞渡的观光化演变的,可归功于 2009 年由国务院发布的《国务院关于进一步繁荣发展少数民族文化事业的若干意见》《国家民委印发少数民族特色村寨保护发展规划概要(2011—2015)》《国家民族民俗文化旅行模范区认定》等文件。

《国务院关于进一步繁荣发展少数民族文化事业的若干意见》(下称《意见》)是中华人民共和国成立以来,国家关于少数民族的文化所谈及的最初的政策。在此《意见》中,关于政府对民族文化的态度表述如下:

"文化是民族重要的特征,是生命力、团结力、创造力的源泉。民族文化有着重要的意义。它是中华文化的重要的构成要素,同时也是中华民族所共有的精神财富。在悠长的历史中,各个民族创造了各自多种多样的民族文化。正是这些民族文化之间相互影响、相互融合,从而创造了中华文化。"[②]

此外,在此《意见》中,与国家实现民族文化的保护及活用相关的途径如下所示。

"到 2020 年为止,实施文化开发计划,通过对少数民族的优良传统文化的有效保护、传承及发扬,使高特色、高水准的文化资源得以面世。为此,要完善用于支撑宏观管理体制、微观服务管理体制、文化市场的形成等的法令法规,力求少数民族文化产业的结构化。正因有少数民族文化的存在,我国的国际影响力和竞争力才得以提高。"[③]

《意见》已经成为各地的少数民族开展文化产业的根据与后盾。顺应号召,在贵州省的苗族设置了"施洞苗文化旅游综合体"。

此外,作为此文件的补充,管辖少数民族问题的国家机关民族事务委员会制定了《少数民族特色村寨保护发展规划概要(2011—2015)》。这是以国务院所发布的《中共中央国务院关于深入西部大开发战略的若干意见》《国务院关于进一步繁荣发展少数民族文化事业的若干意见》《村庄和集镇规划建设管理条例》《少数民族事业十二五规划》等文件为基础的,此文件中对其开发对象"有特色的少数民族村"定义如下:

"有特色的少数民族村"指的是,人口集中度比较高、文化及村落的特征清晰可见的自然村或行政村。有特色的少数民族在生产生活样式、住宅样式、村庄形态,风俗

---

① 中国可持续发展研究网:《中国可持续发展战略年度报告》,http://www.china-sds.org/SDS_chinese/contactservlet? jumpPage=1,下载日期:2016 年 3 月 25 日。

② 中国国务院:《国务院关于进一步繁荣发展少数民族文化事业的若干意见(2009)》,中国政府网,http://www.gov.cn/test/2009-08/13/content_1390565.htm,下载日期:2016 年 2 月 1 日。

③ 中国国务院:《国务院关于进一步繁荣发展少数民族文化事业的若干意见(2009)》,中国政府网,http://www.gov.cn/test/2009-08/13/content_1390565.htm,下载日期:2016 年 2 月 1 日。

习惯等方面,在历史发展的各个阶段都有鲜明的表现。同时,各自的民族基因("文化基因")的保存比较完整,其文化表现上也体现了中华文明的多样性。有特色的少数民族村,可以说是传承民族文化的载体,是加快少数民族地区发展的重要的中心。"①

《少数民族特色村寨保护发展规划概要(2011—2015)》对有特色的少数民族村的文化资源的合理利用及观光来发的具体内容的表述如下。

一、原则

(一)立足发展、保护利用

少数民族特色村寨既是保护对象更是发展资源,要通过挖掘利用少数民族村寨特有的文化生态资源,促进群众增收,带动少数民族优秀传统文化的保护和传承,做到在发展中保护,在保护中发展,走出一条有特色、可持续的发展路子。

(二)因地制宜、突出特色

把握少数民族特色村寨的发展规律,结合地域特征、民族特点、历史背景和发展水平,研究探索不同建筑类型、不同地域特征少数民族特色村寨保护与发展的不同模式,做到综合考虑、因地制宜、突出特色。

(三)科学规划、统筹兼顾

从自身优势出发,与扶贫开发、生态旅游、文化保护区和新农村、新牧区建设相结合,与当地的各专项规划相衔接,统筹兼顾,做到科学合理、依法办事、量力而行。要发挥好专家在规划制定中的专业作用,建立健全规划项目的专家论证、社会公示以及社会各界意见征集制度。

(四)政府主导、社会参与

把特色村寨保护与发展纳入当地经济社会发展总体规划,充分发挥政府在少数民族特色村寨建设中的主导作用,整合各方资源,同时发挥好市场机制的作用,广泛动员社会力量参与少数民族特色村寨的保护与发展。

(五)村民主体、自力更生

项目坚持以民生为本,使村民直接受益。项目决策、规划、实施、监督等过程都要吸收村民参与,尊重村民意愿。要发扬自力更生的精神,充分调动和发挥村民的积极性、主动性和创造性,提高村民的文化自觉性和自我发展能力。

二、目标

(一)改善村寨生产生活条件
(二)大力发展特色产业

大力发展民族特色旅游业。充分发挥村寨自然风光优美、人文景观独特的优势,

---

① 中国国家民族事务委员会:《少数民族特色村寨保护发展规划纲要(2011—2015)》,http://www.gov.cn/gzdt/2012-12/10/content_2287117.htm,下载日期:2016年3月29日。

把经济发展与特色民居保护、民族文化传承、生态环境保护有机结合起来,培育壮大特色村寨乡村旅游。加强旅游设施建设,完善旅游服务功能,提升旅游接待能力。引导村民重点发展"农家乐""牧家乐""渔家乐""水上乐",培育和开发少数民族特色餐饮。深入挖掘民族村寨文化,将民族文化元素有机地融入民族村寨旅游产品开发的各个环节中。举办少数民族节日庆典、祭祀活动,集中展示村寨文化,丰富游览内容。加大对特色村寨的包装、推价、宣传力度,发挥少数民族特色旅游在推动民族乡村发展中的引领作用,培育一批特色村寨旅游示范点,形成特色村寨旅游品牌,提升特色村寨影响力。

(三)重点推进民居保护与建设

(四)加强民族文化保护与传承

民族的本质特点是文化,保护民族特色村寨的乡土文化,就是保护民族文化的活水之源。

着力加强对民族文化的抢救与保护。积极做好本地区民间文化遗产的普查、搜集、整理、出版和研究,并归类建档、妥善保存。重点抓好民族文化的静态保护、活态传承。通过文化室静态展示传统生产工具、生活用具、民族服饰、乐器、手工艺品,保存民族记忆。鼓励、引导村民将民族语言、歌舞、生产技术和工艺、节日庆典、婚丧习俗融入日常生活,活态展示民风、民俗,传承民族记忆。

加强民族文化的传承与发展。要重视发现、培养乡土文化能人、民族民间文化传承人特别是国家级和省级非物质文化遗产代表性传承人;鼓励民族文化进校园、进课堂;鼓励少数民族文化工作者和社会各界人士参与村寨文化建设和群众文化活动。积极推动民族文化产品开发,通过市场推动文化传承。发挥传统乡规民约在传承民族文化中的作用,提高村民的文化保护自觉性。

积极搭建群众性文化活动平台,鼓励村民开展对歌、跳民族舞蹈、举办节日庆典活动等文化活动,丰富群众业余文化生活,增强乡村民族旅游的文化特色和吸引力;支持群众创办具有当地特色的文化团体、表演队伍,精心培育根植群众、服务群众的民族文化活动载体和文化样式。

(五)深入开展民族团结进步创建活动

三、行政的干预

(一)加强领导

建立健全推进少数民族特色村寨保护与发展工作的领导体制,坚持和完善省负总责、地市协调、县抓落实、乡镇具体实施的工作机制。

(二)加大宣传

加强少数民族特色村寨保护与发展目的、意义和政策措施的宣传,发动群众力量,调动村民保护与传承民族文化的自觉性和参与项目的主动性、积极性。通过多种渠道和形式,加大少数民族特色村寨保护与发展工作进展及建设成效的宣传力度,扩大社会知晓面,形成特色品牌。

（三）精心组织

民族工作部门要发挥好牵头作用,组织好项目申报,加强对村寨建设的规划设计、项目施工的具体指导;要突出特色,严格按照有关程序和要求实施项目,保证建设质量和进度,力争出精品、出形象、出效益。落实责任,建立健全"一村一档"制度,做好特色村寨项目的检查验收工作。

（四）多元投入

中央财政专项扶贫资金中安排少数民族特色村寨保护与发展资金,并根据需要逐步加大投入力度,主要用于项目村的特色产业发展、生产生活条件改善、农民生产性技术培训等。各级地方政府安排的资金项目要向少数民族特色村寨保护与发展倾斜。

第二节　贵州省的文化产业政策

一、贵州省的观光政策

改革开放政策实行以后,贵州省致力于加快发展工业,主要以能源原材料工业体系为支柱产业,发展以国防科技工业为主体的机械电子工业体系、以烟酒为特色的食品工业体系和以高科技为支撑的高新技术产业体系。但是由于自然条件等因素制约,经济发展远落后于全国发展水平,人均 GDP 与全国平均水平相差 3766.2 元(2001年统计数据[①])。

工业不振的主要原因在于喀斯特地貌占据了全省面积的 61.9％。因此,人们开始讨论发展模式的转换,把难以承受大规模的工业与农业开发的喀斯特地貌作为观光资源,同时把丰富的少数民族的传统文化作为文化资源,从而制定出以观光为主的发展模式。从 2002 年开始,贵州省和当地政府为了开始实现新的发展模式,对少数民族地区的观光开发年度计划进行了立案(见表 6-1)。

表 6-1　促进贵州地域经济活化性政策、规划一览表

年份	名称	所属	涵盖目标提要
2002	贵州省旅游发展总体规划	贵州省旅游局	目标是将旅游业作为贵州省的一个主要的支柱产业实现快速、可持续和跨越式发展,同时,将环境和文化资源作为全省社会经济可持续发展的主要基础加以保护,绘制出将贵州省建设成为"自然生态和民族文化相结合的旅游大省"的蓝图。

---

① 贵州省统计局:《贵州统计年鉴 2002》,中国统计出版社 2002 年版。

续表

年份	名称	所属	涵盖目标提要
2006	贵州乡村旅游规划 2006—2020	贵州省旅游局	目标是在保护的前提下,开发利用以民族村寨为代表的民族文化和乡村环境资源,发展以村民为主位的发展型贵州乡村旅游,并以此推动贵州乡村的经济、社会、文化和环境的协调与可持续发展,以及以"活用"来实现民族民间文化遗产有效保护和传承的可行道路。
2011	贵州省"十二五"旅游业发展专项规划	贵州省旅游局	规划提出加快建设旅游大省的目标和"生态立省"战略,继续推广"多彩贵州"品牌,大力发展生态型产业特别是生态旅游业,坚持宣传、文化、旅游、体育、农业"五位一体"旅游工作机制。
2012	贵州生态文化旅游创新区产业发展规划 2012—2020	贵州省旅游局	目标是促进旅游与生态、文化和其他产业的融合,实现创新发展、绿色发展、协同发展,加快建设文化旅游发展创新区,走出一条符合自身实际和时代要求的旅游业转型升级、后发赶超之路,把旅游产业建设为战略性支柱产业与人民群众满意的现代服务业,建设旅游强省。
2012	国发 2 号文件《国务院关于进一步促进贵州经济社会又好又快发展的若干意见》	国务院	目标是大力发展文化和旅游产业。把文化和旅游产业发展成为支柱产业。依托贵州多民族文化资源,建设一批文化产业基地和区域特色文化产业群。深入挖掘民族文化,加强旅游基础设施建设,积极引进文化产业领域战略投资者,积极开发特色旅游产品。
2013	贵州省 100 个示范小城镇、100 个旅游景区工程(简称 5 个 100 工程,是近期贵州地域开发及文化资源化相结合的重点工程)	贵州省政府	目标是到 2015 年,贵州省将建成 100 个交通枢纽型、旅游景观型、绿色产业型、工矿园区型、商贸集散型、移民安置型等各具特色的示范小城镇。到 2017 年,贵州将 100 个旅游景区打造成为产业特色突出、示范效应明显、基础设施完备、配套服务齐全、综合效益显著的精品旅游景区,全年接待旅游总人数达到 4.48 亿人次以上,旅游总收入达到 4 500 亿元以上。

资料来源:

贵州省旅游局:《贵州省旅游发展总体规划(2002)》;

贵州省旅游局:《贵州乡村旅游规划(2006—2020)》;

贵州省旅游局:《贵州省"十二五"旅游业发展专项规划(2011)》;

贵州省旅游局:《贵州生态文化旅游创新区产业发展规划(2012—2020)》;

国发 2 号文件国务院:《关于进一步促进贵州经济社会又好又快发展的若干意见(2012)》;

贵州省人民政府办公厅:《贵州省人民政府办公厅关于印发贵州省 100 个旅游景区建设 2013 年工作方案的通知》等。

在十几年间,贵州的观光产业快速发展。2002 年贵州省的旅游总收入为 106.43 亿元[①],到 2014 年,贵州省全年共接待游客 3.21 亿人次,实现旅游总收入 2 895.98 亿元,旅游总收入排名从全国落后上升至全国第二位,旅游增加值 780 亿元,比上年增长 22.2%,旅游总收入占全省 GDP 比重已达 8.7%左右[②](见表 6-2)。

①　贵州省统计局:《贵州统计年鉴 2003》,中国统计出版社 2003 年版。

②　贵州省统计局:《2014 年贵州省国民经济和社会发展统计公报》,2015 年。

表 6-2　2014 年贵州省旅游业发展情况

指标名称	单位	绝对数	比上年增长（%）
国内旅游总人数	万人	32 049.44	20.1
入境旅游人数	万人	85.50	10.1
旅游总人数	万人	32 134.94	20.1
国内旅游收入	亿元	2 882.66	22.2
国际旅游(外汇)收入	亿美元	2.17	7.6
旅游总收入	亿元	2 895.98	22.2

资料来源:《2014 年贵州省国民经济与社会发展的政府公报》。

　　从 GDP 增速来看,2014 年贵州 GDP 增速为 10.8%,上升至全国第二位,并且连续 4 年居全国前 3 位,地域经济振兴与活化效果初显。调查发现,在地域开发与文化活用下,其关键的阶段代表性呈现如表 6-3 所示。

表 6-3　贵州地区开发及文化活用政策下的代表性呈现

年份	名称	目标体现
2005	"多彩贵州"品牌的打造	在贵州省政府的推动下,2005 年成立了由省委宣传部下属的贵州省多彩贵州文化产业发展中心。目标是展示贵州文化特色,推动贵州丰富文化资源不断转变为产业优势,带动经济社会发展的文化品牌。
2009—2014	生态文明贵阳国际论坛	以正确处理经济发展和生态保护的关系,促进经济社会可持续发展,构建人与自然和谐相处的生态文明,打造生态型城市为目标,在贵阳每年定期召开的国际型高峰论坛,会议分别围绕"生态城市,宜居、宜业、宜游""科技与创新,生态社会基石""教育和传媒,生态文明软实力""生态经济、绿色产业"等主题进行研讨。
2011	第九届全国少数民族运动会	通过"民运会"的举办打造"多彩贵州,贵州地域特色体育赛事"品牌,开展具有民族特色的体育赛事,通过体育赛事与传媒的结合,推动区域城市发展互动,推广民族传统文化,贵州特色文化,让国内乃至世界了解和认识贵州。
2013	贵州省"5 个 100 工程"下,以"施洞苗文化旅游综合体"为主的一批观光开发项目	施洞地区苗族民俗活动众多,其中龙船节、姊妹节等为核心资源,以及包含刺绣、打银、剪纸等相关服饰的制作工艺,已是国家非物质保护项目的重要文化资产,具有旅游宣传效益,项目目标是力图打造贵州首座以苗族非遗文化为出题色彩的旅游综合体,以文化价值为依托创造经济价值,实质带动规划区旅游和产业发展,落实社会效益和经济效益一体化,并运用商业收益反馈文化,达到保护、传承和弘扬文化的目的。

资料来源:
贵州省多彩贵州文化产业发展中心网站:http://www.dcgz.cc/index.asp;
生态文明贵阳国际论坛:《2009 贵阳共识》,http://www.efglobal.org/;
贵州省体育局:《贵州省体育局认真解读"国发 2 号文件","提出贯彻措施,促进事业发展"(2012)》,http://www.sport.gov.cn/n16/n1077/n1272/2680847.html;
普晶建设开发股份有限公司:《施洞苗文化旅游综合体建设发展规划(2013)》等。

二、贵州省的生态观光模式

在思考苗族龙舟竞渡的观光化时,生态的概念是很重要的。这是因为苗族龙舟竞渡的开发一直以来是被固定在生态观光的背景下而推进至今的。

生态(Eco)一词源于古希腊字,意思是指家(house)或者我们的环境。现在通常是指生物的生活状态。指生物在一定的自然环境下生存和发展的状态,也指生物的生理特性和生活习性。简单地说,生态就是指一切生物的生存状态,以及它们之间和它与环境之间环环相扣的关系。到了现代,生态一词最先作为表示各生物的和谐共存体系的生物学概念出现,后来慢慢被应用到各个领域。其背景是,近代科学技术偏离轨道的发展所带来的对生物居住空间的不正常化的担忧。

2007 年 10 月在北京召开的中国共产党第十七次全国代表大会,首次提出了要发展"生态文明"。与十二大到十五大,中国共产党一直强调的建设社会主义物质文明、精神文明不同,"生态文明"的提出标志了中国政府确立了又一个新的发展方向,它不只单纯经济发展模式的转变,而是整个中国社会开始转型的标志。2012 年,中国共产党第十八次全国代表大会中提出:"从人与自然和谐的角度,生态文明是人类为保护和建设美好生态环境而取得的物质成果、精神成果和制度成果的总和,是贯穿于经济建设、政治建设、文化建设、社会建设全过程和各方面的系统工程,反映了一个社会的文明进步状态。"①

贵州省为普及"生态文明"理念、探索生态文明建设规律,借鉴国内外成果推动生态文明实践,打造对外交流合作平台,2008 年开始策划举办生态文明贵阳会议。2009 年 7 月,召开了第一届生态文明贵阳国际论坛会议(以下简称论坛)。从第一届起,每年都会定期在贵阳举办。论坛汇集了国内外政府、商界、学界、科技界、媒体、民间及其他各界领导者,并在会上广泛开展交流与合作。截至本研究调查时间节点,一共召开了七届,形成了具有贵州特色的生态发展品牌标志,为打造中国特色的生态可持续发展省份提供了智力保障。

每届的主题如下(参照生态贵阳国际论坛网站 http://www.efglobal.org/index.html):

2009 年 8 月 22 日—23 日　"发展绿色经济,我们共同的责任"

2010 年 7 月 30 日—31 日　"绿色发展——我们在行动"

2011 年 7 月 16 日—17 日　"通向生态文明的绿色变革,机遇与挑战"

2012 年 7 月 26 日—28 日　"全球变局下的绿色转型和包容性增长"

2013 年 7 月 19 日—21 日　"建设生态文明:绿色变革与转型——绿色产业、绿色

---

① 胡锦涛:《坚定不移沿着中国特色社会主义道路前进,为全面建成小康社会而奋斗——在中国共产党第十八次全国代表大会上的报告》(2012 年),http://www.xj.xinhuanet.com/2012-11/19/c_113722546.htm,下载日期:2016 年 3 月 30 日。

城镇和绿色消费引领可持续发展"

2014 年 7 月 10 日—12 日　"改革驱动,全球携手,走向生态文明新时代——政府、企业、公众:绿色发展的制度架构和路径选择"

2015 年 6 月 26 日—28 日　"走向生态文明新时代:新议程、新常态、新行动"

通过这些论坛,贵州省萌生了"具有贵州省生态特色的生态观光"的概念。

第三节　苗族龙舟竞渡的文化资源化

一、资源化的三个阶段

文化资源是比较新颖的词汇。指的是与人类文化相关的物体及信息,其特征是要以对社会有用这一观点为基础。

文化资源按不同的标准可以形成不同的分类体系。丹曾指出:"从形式上,可以把文化资源划分为有形文化资源(如历史遗存遗址、特色民居建筑、历史文化名城名镇、特色服饰、民族民间工艺品等)和无形文化资源(如语言文字、文学艺术、绘画美术、音乐舞蹈、风俗习惯、民族节庆等);从内容上,文化资源分为历史文化资源、民族文化资源、宗教文化资源、地域文化资源等。"[1]钱光培表示:"按文化资源的形态,分为文献形态、器物形态(如园林、建筑、服饰、饰物)、艺术表演形态(音乐、歌舞、戏曲等)、技能技艺形态(如刺绣、蜡染、剪纸等工艺)、节庆活动形态。"[2]

本研究的研究对象清水江流域的苗族龙舟竞渡活动无论从形式、内容上,还是形态特征上都兼具文化资源的方方面面。形式形态上,从竞渡区域、起源传说,制作工艺与形制,建筑、服装与饰物,到身体技法与组织竞赛规则,仪礼与禁忌,囊括了有形与无形及各类形态的文化资源;内容上,依托龙舟竞渡活动呈现了当地苗族历史、民族、宗教、地域等文化资源,具有丰富的可开发性,是被当地重视的促进地域活化性的文化资源。

武内房司提出:"文化资源化的过程包括'认定''探查、采掘''加工'三个阶段,'认定'即对资源的利用价值的认定;'探查、采掘'即为了开发资源的可利用价值而做的调查、发掘等;'加工'即为了利用资源,对资源进行'加工'的过程。"[3]

使用上述文化资源化 3 个阶段论对苗族龙舟竞渡的文化资源化过程进行重新构建的话,可归纳成以下过程。

---

① 丹曾:《发展文化产业与开发文化资源》,载《求是杂志》2006 年第 1 期,第 22 页。
② 钱光培:《传统文化资源的形态与开发》,载《人民论坛》2005 年第 5 期,第 27 页。
③ 武内房司、塚田诚之:《中国の民族文化资源—南部地域の分析から》,风响社 2014 年版,第 338 页。

（一）资源的"认定"：2005 年至 2008 年

从 2005 年起，贵州省政府旅游文化部门便开始让"苗族独木龙舟节"作为申请项目申请加入国家级非物质文化遗产名录，到 2008 年，成功入选第二批国家级非物质文化遗产名录民俗类项目。从此国家级非物质文化遗产的称号开始作为当地的旅游文化名片，通过传媒等渠道进行宣传，提升地方文化的可利用价值，制造出地域文化产业、旅游资源有待开发的局面。

（二）资源的"探查、采掘"：2009 年至 2013 年

认定为国家非物质文化遗产后，开始进入观光资源的开发阶段。当地政府先后聘请北京巅峰智业旅游规划公司，台湾普晶建设开发股份有限公司以及贵州省城乡规划研究院对施洞地区以及"苗族独木龙舟节"为主的一批非物质文化遗产进行考察，前者在 2012 年编写了《施洞苗族原生态文化产业园总体规划》。后者与当地地域开发研究中心贵州省城乡规划设计研究院一同制作地域开发及旅游文化产业规划书《施洞苗文化旅游综合体建设发展规划》与《台江县施洞镇总体规划（2013—2030）》，并在 2013 年 6 月通过贵州省 100 个旅游景区建设工作联席会议办公室、贵州省旅游局 100 个旅游景区建设工作领导小组审核，于 7 月完成了规划的最终修改。

（三）资源的"加工"：2008 年至今

自 2008 年"苗族独木龙舟节"入选国家级非遗名录后，国家及地方拨款配套资金修建基础设施，如修建独木龙舟竞渡观礼台、施洞大码头等利于游客观赏的基础设施。2012 年起，地方政府利用制作好的规划书，在全国范围内进行招商引资，并在 2013 年与开发商浙江商会、贵州尚品投资有限公司签订投资规划协议。并由政府出具配套基础设施建造资金（如环城道路的修建，水、电网等基础设施的建造资金）配合开发公司共同开发《施洞苗文化旅游综合体》项目。同年，投资方根据规划书及实际情况，与当地政府在当地联合成立子公司及项目部贵州省台江施洞苗文化旅游综合体管理委员会，共同管理开发，并制定 2013—2017 年项目建设进度方案。

图 6-1　2015"多彩贵州"文化创意产业博览交易会及非物质文化遗产博览会

图 6-2 博览会场内的苗族龙舟展示

图 6-3 博览会场内的苗族龙舟的大型海报

图 6-4 博览会场内的苗族龙舟模型

图 6-5 《黔东南州台江县施洞镇总体规划(2013—2030)》的封面

图 6-6 《施洞苗文化旅游综合体建设发展规划》的封面

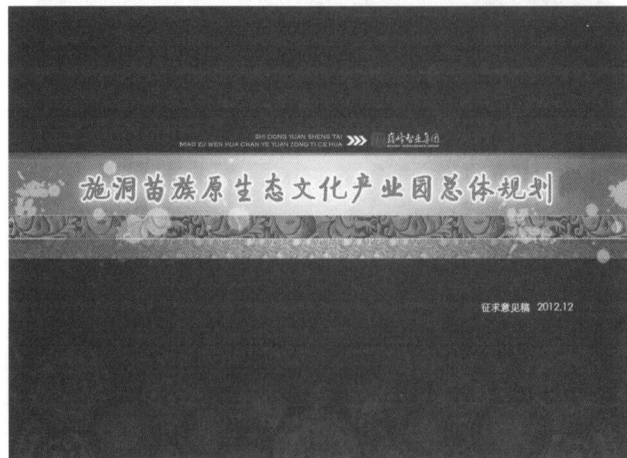

图 6-7 《施洞苗族原生态文化产业园总体规划》的封面

图 6-8　基础设施整备(施洞镇建设中的道路,2014 年)

图 6-9　基础设施整备(完工后的施洞镇道路,2015 年)

二、《施洞苗文化旅游综合体建设发展规划》及龙舟竞渡

台江县施洞镇的《施洞苗文化旅游综合体建设发展规划》是由台江县政府出资100 万元并委托台湾普晶建设开发股份有限公司进行制作的项目规划书。2013 年 6月 16 日在贵阳召开了贵州省 100 个旅游景区台江施洞原生态苗族文化旅游综合体建设发展规划审核会议,由贵州省旅游局 100 个旅游景区建设工作领导小组审核并通过了《施洞苗文化旅游综合体建设发展规划》(以下简称规划)。后以此项目规划书进行招商引资,招商到浙江商会预计投资 30 亿元准备进行建设的大型旅游综合体,浙江商会在贵州成立了贵州尚品投资有限公司,并于 2013 年与台江县政府共同在台江县成立"贵州省台江施洞特色小城镇建设指挥部"和"贵州省台江施洞苗文化旅游

综合体管理委员会",具体负责对项目的建设与管理。

图 6-10　贵州省台江施洞文化观光综合体管理委员会事务所

图 6-11　施洞文化产业园区管理委员会事务所

为发展各具特色的旅游模式,在依托原有良好生态及文化基础上,打造出具有当地民族文化特色的旅游带,故项目在规划范围选址上,以施洞为核心,同时扩展到清水江及支流巴拉河沿岸的苗族村寨,形成"大施洞"的旅游规划范围概念,依仗着清水江的自然景观资源、历史古迹建筑资源与节庆文化等丰富文化资源,该区域可以称为是体验传统施洞苗族文化旅游的核心景区。因此,规划重点以展现"青山(清)水苗家"的自然人文美景,突显丰富且强烈的生活景象为建设目标,并以现况资源为基础,同时考虑市场需要与满足当地需求,有针对性地提出三个片区的布局规划。

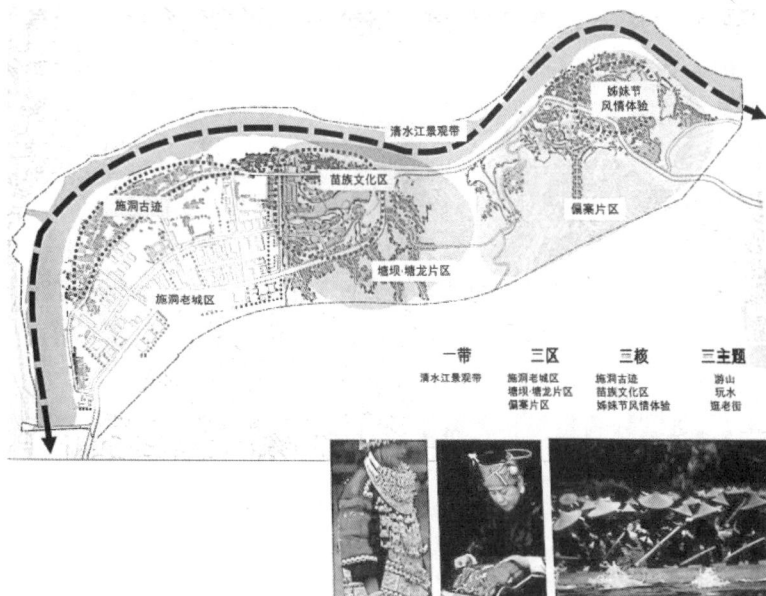

一带　　三区　　三核　　三主题
清水江景观带　施洞老城区　施洞古迹　游山
　　　　　塘坝·塘龙片区　苗族文化区　玩水
　　　　　偏寨片区　　姊妹节风情体验　逛老街

图 6-12　《施洞苗文化旅游综合体建设发展规划》中"大施洞"的三个片区
资料来源:《施洞苗文化旅游综合体建设发展规划》。

图 6-13　《施洞苗文化旅游综合体建设发展规划》的完成效果图
资料来源:《施洞苗文化旅游综合体建设发展规划》。

三个片区的规划具体如下:

(1)施洞老城片区:规划重点在于展现施洞苗族历史文化与突显强烈的民族特色两大方面。旅游功能分区为传统老街区、城镇新区、文化产业区。

(2)塘坝、塘龙片区:范围包括邻近清水江的塘龙寨、塘坝村。因接近水道,开发时间较早,这里聚集了许多具有制作银饰、苗绣等技艺的能工巧匠。同时邻水的塘坝老街水岸边设有多座龙舟棚,并且每年龙舟节期间,这里都是最为热闹的龙舟竞渡区域。传统节庆加上传统工艺,此区域内苗族文化氛围浓重。另外,靠近旅游公路近山侧的塘坝村则是即将展开建设的新农村示范区开发区域。针对此区域兼具新旧建设项目的特性,本片区规划重点在于突出传统文化,同时满足现代社会发展,因此综合施洞镇总体规划与旅游发展功能分区将其分为施洞传统文化体验区、行政服务区、施洞苗族文化区、新农村示范区等五部分。

(3)偏寨片区:偏寨被誉为是苗族姊妹节的发源地之一,是拥有传统苗族剪纸工艺、破线绣法工艺及古歌传唱能人最多的区域。村内也保留了许多与苗族传说有关的历史遗址,展现出丰富的民族文化底蕴。因此本区域规划以姊妹节为特色,突出村寨的历史与工艺,将其分为传统村寨旅游区、苗族文化休闲体验区、森林农业绿地区。

在上述的各个片区需开展的各项服务功能,不仅要包括对游客的服务,还应满足当地苗族生活上的需求,具体有以下内容。

行政服务功能:乡镇级的行政服务功能的集中地,包括政务办公、便民服务、医院卫生、远程教育、旅游接待及提供群众活动场所。

居民安置功能:包括区域内拆迁户、政府家庭等以及未来新增人口的需要、居民生活配套的公建设施等。

旅游服务功能:包括施洞文化产业园人口集中区,提供游客服务、交通服务、信息服务、管理办公等功能。

旅游接待功能:包括能容纳游客数量,满足游客所需之食、宿、行、购、娱的旅游接待,例如提供星级度假酒店服务或家庭式客栈的体验服务等,以及团队餐饮、特色餐饮、小吃街、团队购物、土特产、旅游纪念品,以及参观施洞苗族工艺作品、观赏当地苗族文化歌舞表演等活动。

休闲度假功能:巧妙运用现有的背靠青山、面朝水景的有利自然环境资源,融入树林、梯田、溪流等景观,遇低洼处引水造湖规划为公共休憩空间,所有建筑物与设施顺应山行地势,高低错落分布,民居与饭店等建筑外观融入施洞苗家的图腾意象,营造出依山傍水又兼具人文特色的休闲度假环境。

观光体验功能:塘坝村浓厚的施洞苗家特色不仅要在视觉景观上呈现,透过旅游线路设计,串联老街区匠师作坊与新农民示范区的比五官聚落,要让游客能够切身体验苗族银饰与刺绣工艺与其产业发展的传统与创新。

使《施洞苗文化旅游综合体建设发展规划》成为观光资源的重中之重的,是已划定区域的国家非物质文化遗产。它们分别是以下 7 项:

2006 年施洞苗族姊妹节、苗族古歌;

2008 年施洞苗族独木龙舟节、苗族服饰;

2011 年施洞苗绣、施洞银饰锻造技艺、施洞苗族织锦技艺。

项目方把这些国家非物质文化遗产及历史性建筑物、苗族的民族生活文化,再加上当地的自然景观组合起来,对观光策略进行了推敲(见图 6-14～图 6-19)。

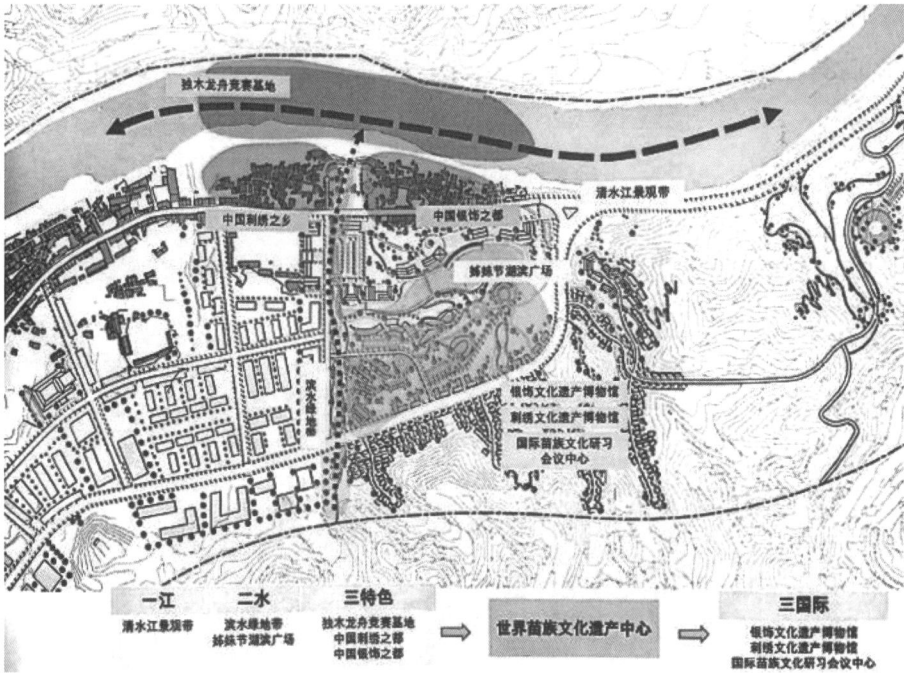

图 6-14 龙舟竞渡区域

资料来源:《施洞苗文化旅游综合体建设发展规划》。

图 6-15 龙舟棚分布图

资料来源:《施洞苗文化旅游综合体建设发展规划》。

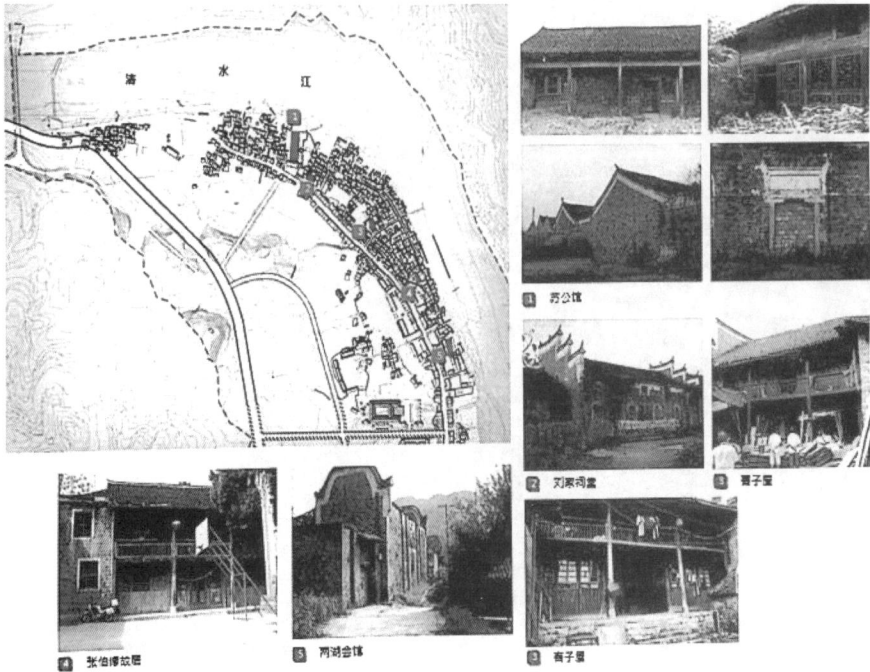

图 6-16 古迹与历史建筑分布区域

资料来源:《施洞苗文化旅游综合体建设发展规划》。

图 6-17 非物质文化遗产传承者及传统工艺分布图(塘坝村)

资料来源:《施洞苗文化旅游综合体建设发展规划》。

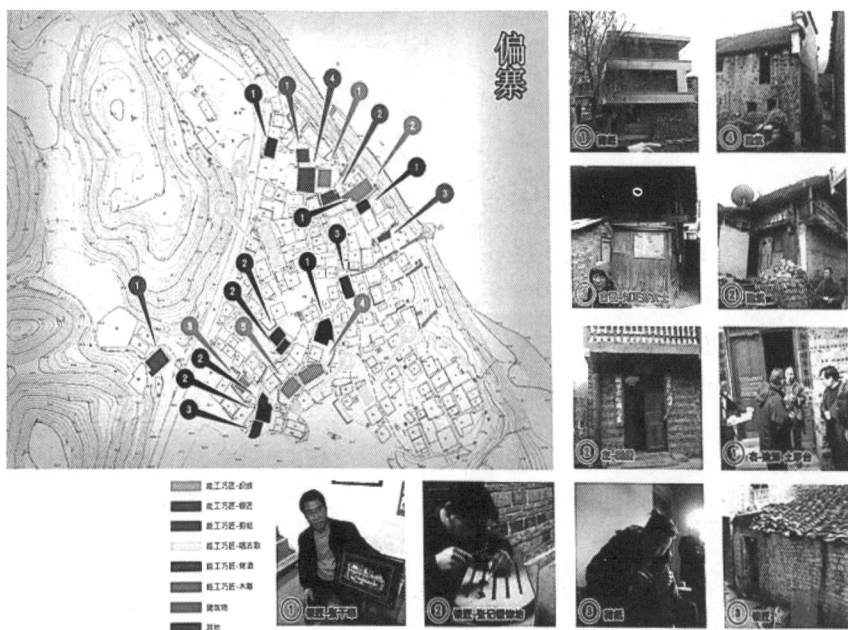

图 6-18　非物质文化遗产传承者及传统工艺分布图(偏寨)

资料来源:《施洞苗文化旅游综合体建设发展规划》。

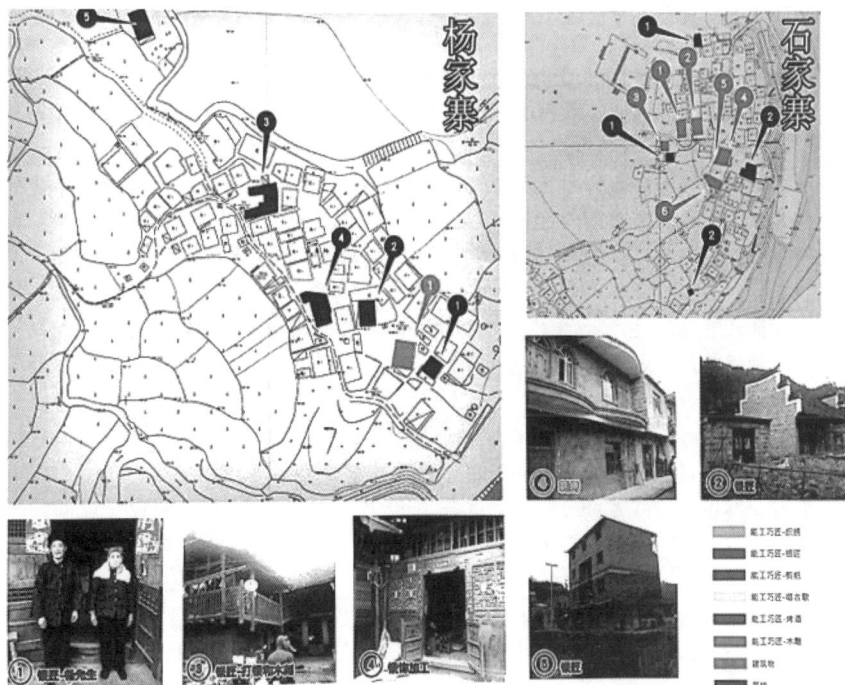

图 6-19　非物质文化遗产传承者及传统工艺分布图(杨家寨、石家寨)

资料来源:《施洞苗文化旅游综合体建设发展规划》。

　　成为问题的并非不论季节可供参观的自然文化资源及苗族的传统日常生活、银工艺品、刺绣、民族服装等的制作表演,而是如何使每年只在规定的时间举行的如龙舟竞渡及姊妹节那样的惯例活动变得日常化,这是从招揽游客的角度出发提出的设想。

　　因此,有关部门相应提出了特别培养苗族村民在舞台上表演祭礼时特定的歌舞,或是只将龙舟漂浮在清水江上、让旅客体验划船比赛等方案。

　　虽然不管在世界的哪个地区看来,这些措施都是对传统的修复,但正因如此,也体现出对文化新的创造吧。

　　包括这些新的办法在内的《施洞苗文化旅游综合体建设发展规划》上所登载的旅游产品线路如表 6-4 所示。

表 6-4 《施洞苗文化旅游综合体建设发展规划》中的旅游产品线路一览表

产品名称	产品内容介绍
施洞古镇老街游	施洞镇自古以来因位处清水江水路运输要道,南来北往商贸交易频繁。经济活动促使苗汉频繁接触,从留存于老街区内的两湖会馆等汉式徽派历史建筑以及沿江的苗族传统建筑错落分布,就能看出此地苗汉文化交流频繁,是独具特色的文化景观。或游走于石头铺面的步道,或寻访隐藏在巷弄间、水岸边的古建筑、老码头,感受传统建筑与民族建筑散发的怀古幽情,或居住苗家客栈、品尝苗家小吃等。
走村串寨施洞苗族文化体验游	想了解施洞苗族蝴蝶妈妈的故事,想看施洞苗族妇女细如发丝的破线绣工,或是想购买施洞银饰锻造师傅手下的作品,不妨沿清水江畔的滨水步道,行至民家或匠师开设的滨水咖啡厅、工作坊等处,欣赏能工巧匠的技艺和作品,体验走村串寨的乐趣。沿着旅游公路进入的游客,可以直接看到塘坝城镇新区的银饰博物馆与刺绣博物馆。想进一步了解苗族历史文化与苗族传统手工技艺,不妨到博物馆亲身体验苗族特色与创新的工艺制作,并且可以为自己带回具有苗乡特色的纪念品。
独木行舟亲水慢活游	施洞苗族地区盛行的龙舟节,极具民族特色,每逢节日期间水岸两侧都会挤满观看的人潮。而在非节日期间,游客可至塘坝的独木龙舟竞赛基地,参观龙舟及龙舟棚,透过解说系统,了解独木龙舟的由来、制作工艺等民族文化。有兴趣体验独木龙舟的游客,则可前往独木龙舟体验区,在安全人员引导下小试身手,感受这项独特的民族竞技运动。
姊妹节踩鼓度假体验游	姊妹节期间,施洞姑娘盛装华服跟着木鼓的节奏起舞表演甚是热闹。规划打算在非节日期间将此番景象浓缩升华排成节目,在修建好的姊妹节踩鼓场以及姊妹节湖滨广场定时定点举行表演。
观山采果休闲度假体验游	区内村寨坐落于清水江畔、稻田之间,呈现出农家乐式的田园景象,具有浓郁的农家生活气息。目前预备规划杨桃等农作物产业与观光采摘产业相结合的方向发展。喜爱原野山林生活的游客可前往山景度假小区,夜间可以享受观星,晨起可以漫游山林间的观景步道,登高览胜,远眺美景。白天可以与家人一同上山采摘新鲜水果,或前往村寨中体验农家乐,享受农家准备的有机新鲜蔬菜餐点,健康悠闲地度假。
森林休闲养生游	规划区内保留大片原生态植被与森林,游客到此利用登山步道,沐浴在森林氧吧之中,或与朋友、恋人前往情人谷景观公园,享受体验身心放松的自在旅程。

资料来源:《施洞苗文化旅游综合体建设发展规划》。

　　此外,《施洞苗文化旅游综合体建设发展规划》中所展示的建设计划,如图 6-20～图 6-45 所示。这些图片全部都收录在《施洞苗文化旅游综合体建设发展规划》中,这些建筑物的特征是融入了苗族的建筑样式。

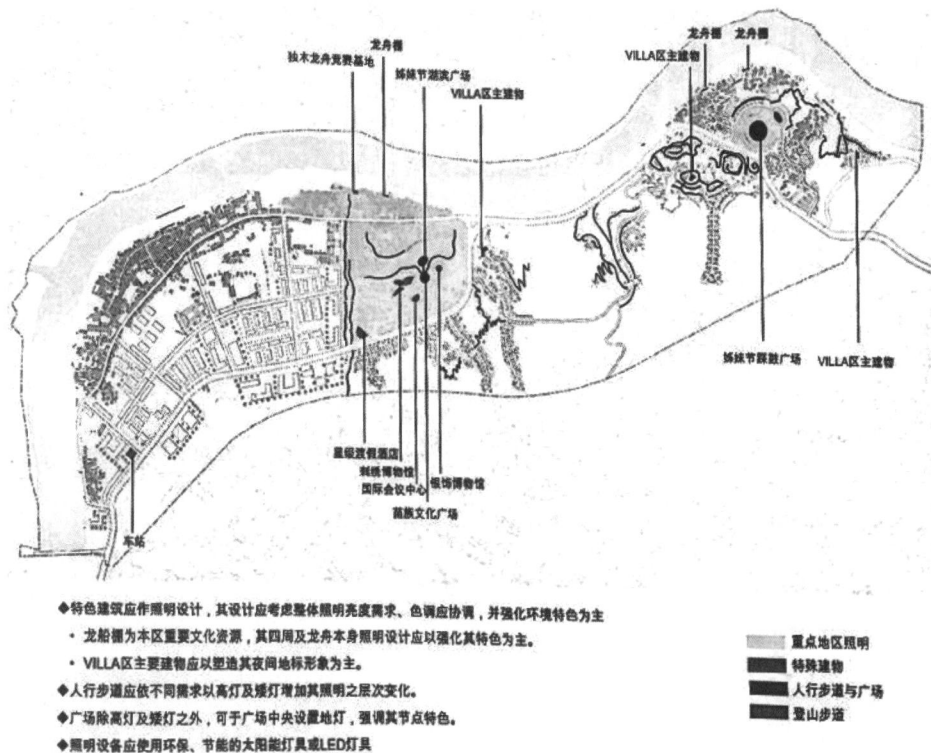

图 6-20　龙舟竞渡区域与龙舟棚的分布图

图 6-21　龙舟竞渡区域效果图

图 6-22　龙舟竞渡区域侧面图

图 6-23　龙舟棚区域效果图

图 6-24 以龙舟棚样式建造的大型公共厕所效果图

图 6-25 以龙舟棚样式建造的大型服务中心效果图

五星级厕所

特色商店

信息服务中心

图 6-26 以龙舟棚样式建造的大型服务中心效果图

图 6-27 苗家民宿与步行街效果图

图 6-28　公园、商店步行街效果图

图 6-29　姊妹节湖畔广场的预想鸟瞰图

图 6-30　姊妹节湖畔广场效果图

图 6-31　水边商业街效果图

图 6-32　苗族民宿商业街效果图

图 6-33　茶馆广场与土特产商店效果图

塘龙民居前广场改造

图 6-34　苗族民宿前广场效果图

塘龙商店街改造

图 6-35　商店街效果图

室外改造前

左立面图

室外改造后

图 6-36 苗族民族空中咖啡厅效果图

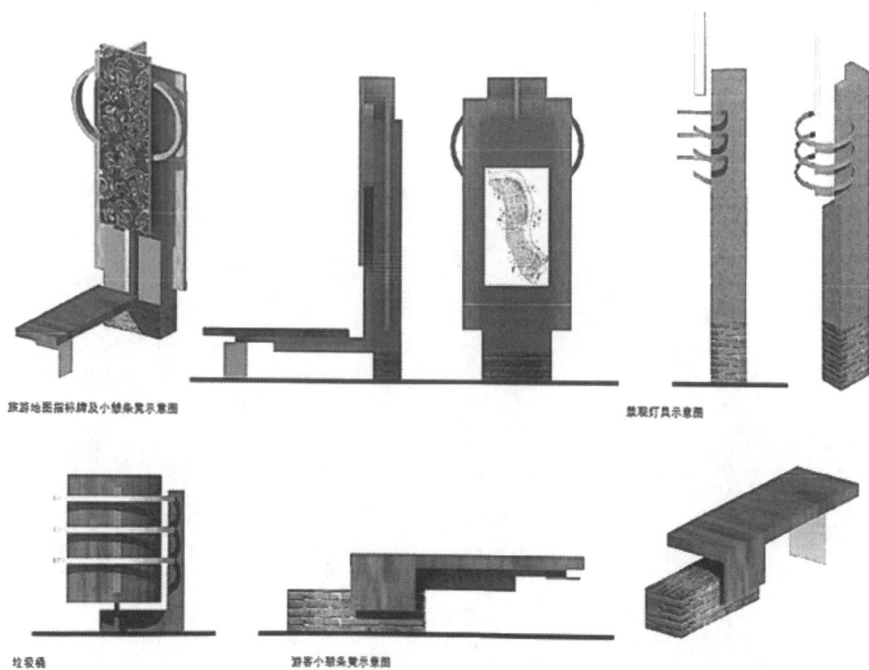

旅游地图指标牌及个憩条凳示意图

景观灯具示意图

垃圾箱

游客个憩条凳示意图

图 6-37 应用苗族建筑样式的垃圾箱、路灯、指示牌的效果图

正立面图   侧立面图

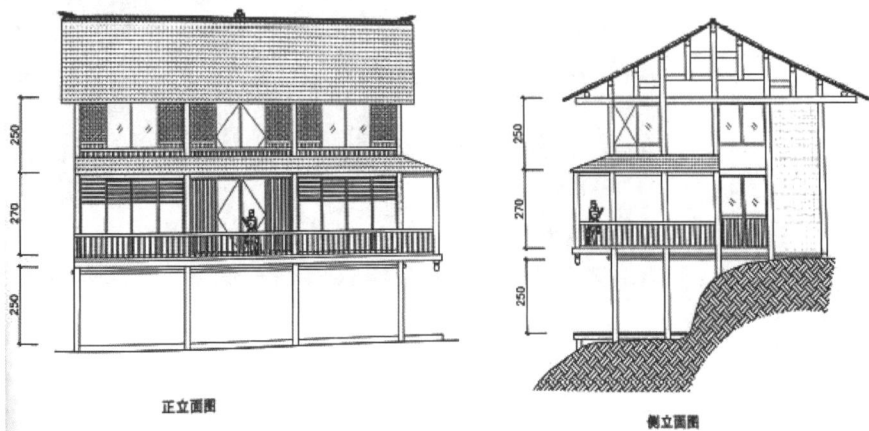

图 6-38　苗族民宿吊脚楼式建筑改造构造图

图 6-39　苗族民族吊脚楼式建筑改造后的效果图

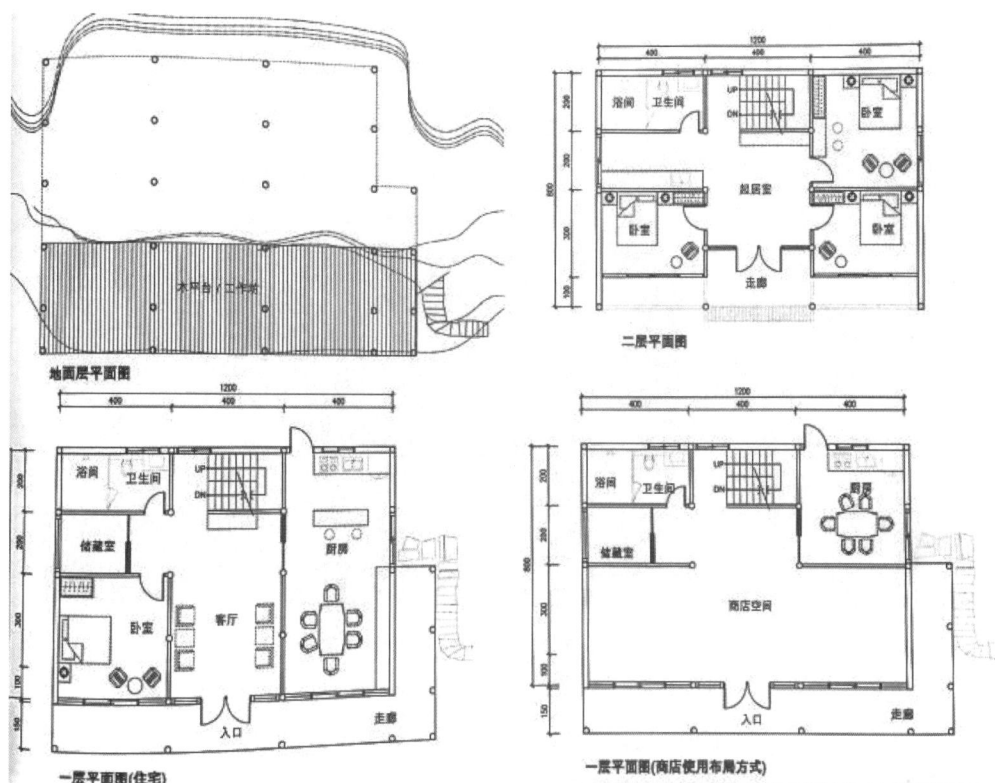

图 6-40　苗族民宿吊脚楼式建筑的内部改造构造图

图 6-41　苗族民宿吊脚楼式建筑的内部改造效果图

图 6-42　苗族吊脚楼式的林中民宿效果图

图 6-43　苗族吊脚楼式的林中民宿效果图

图 6-44　苗族吊脚楼式的林中民宿商店效果图

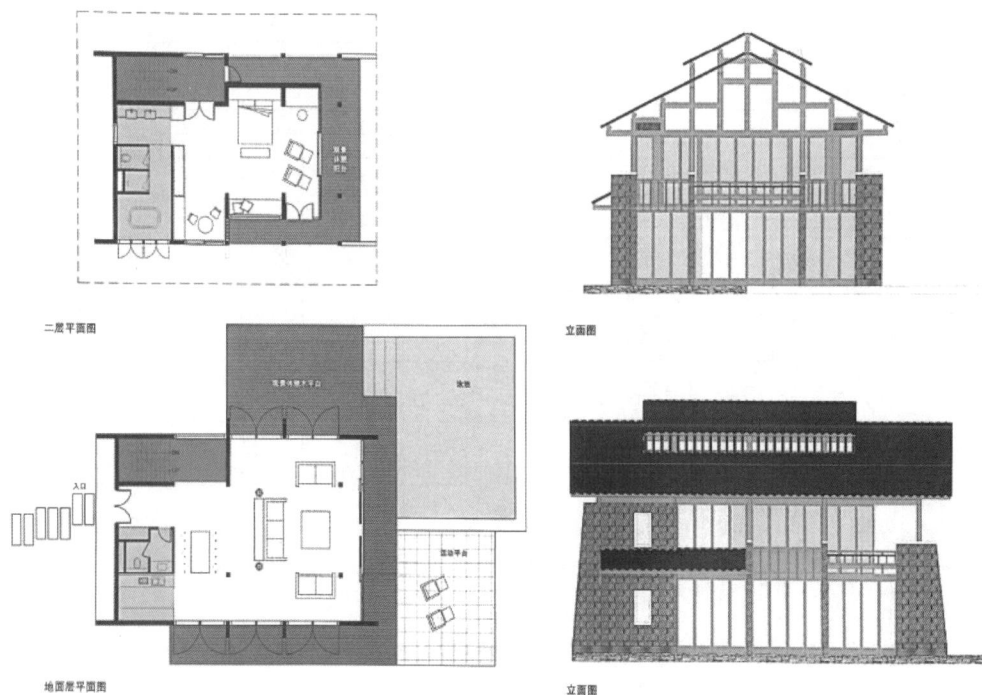

图 6-45　苗族吊脚楼式的林中民宿商店内部构造图

三、苗族龙舟竞渡资源化的最新意义

近年来,中国的环境破坏和环境污染已经到了深刻的程度。那是由于改革开放政策实施以后的那些缺乏社会正义的偏离轨道的工业经济开发政策所导致的,政府对此表示担忧,并相应出台了谋求人与自然和谐共存的政策。1992年的"可持续开发"战略正是其开端。

而且,属于少数民族的贵州苗族社会中所具体化的正是本研究所选的苗族龙舟竞渡。

在这样的背景下,苗族龙舟竞渡的斩龙起源传说(参照第2章)就显得意味深长了。龙的死亡导致天气反常、持续干旱,村民们生活变很艰苦。龙出现在渔夫的梦中,并告诉渔夫,如果能使它四分五裂的身体以龙舟的形态复活,就可以让天气恢复,使天降雨。村民们按龙说的话做了,果然天降神雨,村民们得救了。在这里,可以看作是,以龙作为化身的自然和人类在经历战争之后,两者和解的故事。也可以解释为,清水江苗族自古以来的斩龙传说所象征的是描述人和自然之间共存的不可避免性的苗族的世界观与生态伦理观。

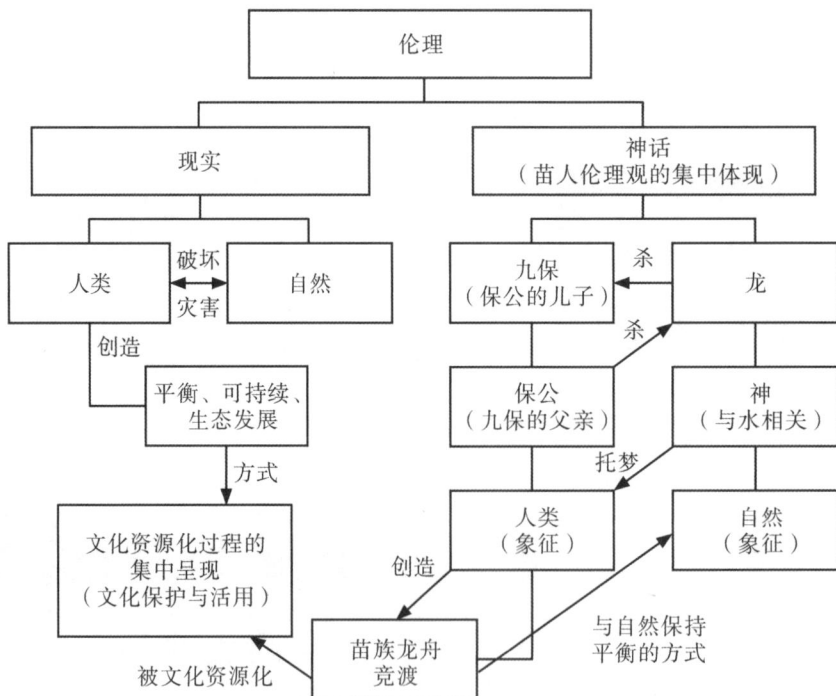

图6-46 苗族龙舟竞渡所反映出的生态伦理观与当下社会人类与自然关系契合图

苗族独木龙舟节被认定为国家非物质文化遗产,受此影响,贵州省政府以此为核心推进了"施洞苗文化旅游综合体"建设项目,同时把项目定位于生态观光模型。可

以说,作为人和自然共存的生态观光模式的背景文化,斩龙起源传说发挥了恰当的功能。(见图 6-47)

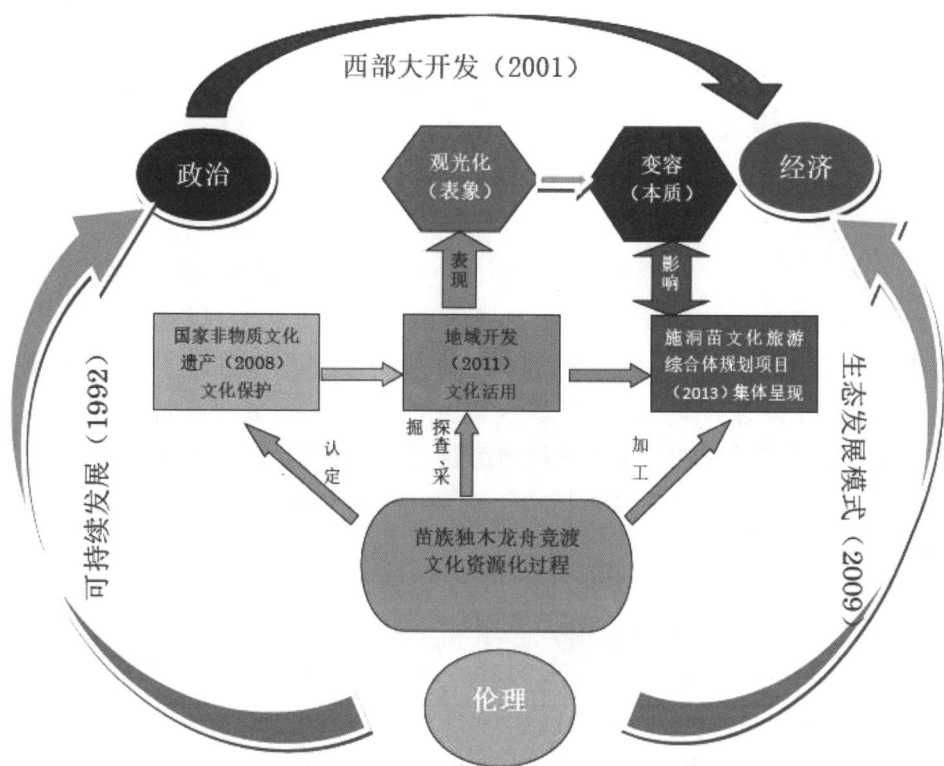

图 6-47　苗族龙舟竞渡文化资源化的集中呈现

结　语

在中国,除了占人口 9 成的汉族以外,还居住着 55 个少数民族。苗族就是其中之一。长期以来,他们不断南下迁徙,今天部分人口甚至在泰国、老挝等国家居住,2010 年主要人口在中国居住的人数达到 9 426 007 人,其中半数居住在贵州省。

贵州省台江县的苗族占总人口数的 97%,以清水江流域的塘龙、施洞为中心生活。本研究中,选取了作为清水江流域的苗族每年惯例活动流传下来的龙舟竞渡,并结合历史学及文化人类学的方法,把近年来发生的其观光化演变作为文化的问题进行论述。

在第一章中,对研究的目的和方法进行了论述,对先行研究进行了讨论。其中的叙述是,关于苗族龙舟竞渡,到目前为止,在历史学和文化人类学,以及体育人类学领域已经有了相当程度的积累,但是,对本研究中所选取的 21 世纪产生的苗族龙舟竞渡的观光化演变问题,则尚未着手。

第二、三章中,将清水江苗族作为调查对象,对其历史和文化风俗,根据汉族一方的史料和当地田野调查情报进行了概述。

第四章"苗族龙舟竞渡的概况"中,对苗族龙舟竞渡的历史遗迹以及他们所流传下来的龙舟竞渡起源传说、龙舟的构造和制作方法及身体技法、龙舟上的角色分工进行了论述。并对龙舟建造中及航行中的礼仪、主导龙舟惯例活动的苗族独自的传统的"鼓头"制度、惯例活动期间所进行的礼物赠送的社会性纽带功能等构成苗族龙舟竞渡的文化各要素进行了论述。

第五章"中国的非物质文化遗产制度和苗族龙舟竞渡"中,把本研究课题的成立背景,即苗族的龙舟竞渡,从其由原来作为苗族的封闭文化向不同民族及世界开放的文化转变这一变化,聚焦到中国的非物质文化遗产制度,对其成立的经过及相关法规进行论述,同时,重新构建了在国家的非物质文化遗产制度所引导的贵州省文化产业政策之下,如何推进苗族龙舟竞渡的非物质文化遗产化工作,以及台江县政府又是如何推进苗族龙舟竞渡的观光化的这些过程。中国的非物质文化遗产制度是以 2003 年的联合国教科文组织中人类非物质文化遗产条约为根源的,这个制度还暗含中国所肩负的少数民族的贫困对策这一层意思。因为这是依靠不用外部资金的自身所具有的可持续观光资源而提出的解决对策。使少数民族所拥有的传统文化,原原本本地成为有魅力的观光资源。国家把它明确为非物质文化遗产并使之权威化,同时通过进行基础设施整备等财政支援对其进行支持。这一过程通过清水江苗族的龙舟竞渡被验证了。

第六章"苗族龙舟竞渡的观光化演变"中,以受到国家和贵州省政府认可的2013年启动的《施洞苗文化旅游综合体建设发展规划》项目为主轴,包括联通清水江苗族地区通往外界的道路等基础设施的整备在内,明确了要如何对苗族的生活空间进行观光开发,及如何使以龙舟竞渡为核心的苗族民族文化观光商品化。

在这个文化背景中备受注目的是,龙舟竞渡并非单纯的观光资源(单纯的传统文化资源),人们还赋予了它生态观光资源这一崭新的意义。因此,现在苗族龙舟竞渡被定位为对中国非物质文化遗产制度构思的起因之一——由偏离轨道的经济发展所带来的自然破坏的反省而提倡的"人与自然的共存思想"的体现。苗族所特有的斩龙起源传说也作为象征自然的龙与人之间从战争发展转变为和解、和谐的共存神话,在生态观光方面发挥着恰当的功能。

参考文献

中文文献

[1]《后汉书》卷八六,列传第七六。

[2]《小方壶斋舆地丛钞》第八轶。

[3](清)爱必达:《黔南识略》卷六。

[4](唐)樊绰:《蛮书》卷十。

[5](明清)龚传坤编:《镇远州(府)志》,中国地方志集成贵州府县志集 16,明正统镇远州志(清乾隆镇远府志)。

[6](春秋)管仲公(公元前 719—公元前 645 年):《匡君小匡》。

[7](明)郭子章(1543—1618):《黔记》卷五九。

[8](明)沈庠修,赵瓒纂编:《贵州图经新志(明弘治)》,中国地方志集成贵州府县志集 16。

[9](汉)司马迁(公元前 145—?):《史记·五帝本纪》卷一。

[10](民国)王嗣鸿:《台江边胞生活概述》,《边铎月刊》,1948 年。

[11](清)徐家干:《苗疆闻见录》,民国贵阳文通书局据原刻校印本,清光绪四年(1878)刻本。

[12](宋)朱辅(?—1523 年):《溪蛮丛笑》,编修程晋芳家藏书(一卷)。

[13](民国)朱嗣元编:《施秉县志》,贵州省图书馆复制油印本(1965),民国九年(1920)稿本二卷。

[14](春秋)左丘明:《国语·楚语》上。

[15]《中华人民共和国非物质文化遗产法》,法律出版社 2011 年版。

[16]代刚:《贵州苗族独木龙舟的社会文化人类学考察》,载《西安体育学院学报》2013 年第 2 期。

[17]丹曾:《发展文化产业与开发文化资源》,载《求是杂志》2006 年第 1 期。

[18]高至喜:《楚文化的南渐》,湖北教育出版社 1996 年版。

[19]贵州省编辑组:《苗族社会历史调查(一)》,贵州民族出版社 1986 年版。

[20]贵州省地方志编纂委员会:《贵州省志·民族志》,贵州民族出版社 2002 年版。

[21]贵州省教育局:《贵州省情教程》,清华大学出版社 2009 年版。

[22]贵州省人民代表大会常务委员会:《贵州省非物质文化遗产保护条例》,2012 年。

[23]贵州省施秉县地方志编纂委员会:《施秉县志》,方志出版社 1997 年版。

[24]贵州省统计局:《贵州统计年鉴(2002)》,中国统计出版社 2002 年版。

[25]贵州省统计局:《贵州统计年鉴(2003)》,中国统计出版社 2003 年版。

[26]贵州省统计局:《2014 年贵州省国民经济与社会发展统计公报》,2015 年。

[27]贵州省文化厅:《贵州省非物质文化遗产保护条例》,2012 年。

[28]胡小明等:《黔东南独木龙舟的田野调查——体育人类学的实证研究(一)》,载《体育学刊》2009 年第 12 期。

[29]胡小明:《独木龙舟的文化解析——体育人类学的实证研究(一)》,载《体育学刊》2010 年第 1 期。

[30]黄才贵:《贵州民族文化论丛》,贵州人民出版社 2009 年版。

[31]黄平、施秉、镇远县民族宗教事务管理局:《苗族十二路大歌》,贵州大学出版社 2012 年版。

[32]拉德克里夫·布朗(1958)著,夏建中译:《社会人类学方法》,华夏出版社 2001 年版。

[33]李平凡:《贵州世居民族迁徙史》,贵州人民出版社 2011 年版。

[34]李瑞岐:《中华龙舟文化研究》,贵州民族出版社 1991 年版。

[35]龙济国、潘国藩:《苗族社会历史调查》,民族出版社 2009 年版。

[36]卢塞军:《贵州苗族独木龙舟原生态竞渡文化探析》,载《第八届全国少数民族传统体育运动会暨民族体育科学论文报告会论文集》,2007 年。

[37]卢塞军:《贵州苗族独木龙舟非物质文化遗产景象追踪研究》,载《武汉体育学院学报》2011 年第 6 期。

[38]卢塞军:《民俗学视域下苗族独木龙舟竞漕文化研究》,载《台湾运动文化研究》2014 年第 1 期。

[39]马林诺夫斯基(1938)著,费孝通译:《文化论》,中国民间文艺出版社 1987 年版。

[40]马塞尔·莫斯(1936)著,佘碧平译:《社会学与人类学》,上海译文出版社 2003 年版。

[41]马学良、今旦译注:《苗族史诗》,中国民间文艺出版社 1983 年版。

[42]孟蒙:《民国时期贵州少数民族体育的镜像——德国人类学家鲍克南的田野记录》,载《贵州文史丛刊》2016 年第 1 期。

[43]鸟居龙藏:《苗族调查报告》,贵州大学出版社 2009 年版。

[44]牛文元:《可持续发展战略:中国 21 世纪发展的必然选择》,载《中国发展》2001 年第 1 期。

[45]彭兆荣:《人类学仪式的理论与实践》,民族出版社 2007 年版。

[46]钱光培:《传统文化资源的形态与开发》,载《人民论坛》2005 年第 5 期。

[47]黔东南苗族侗族自治州人民政府:《黔东南苗族侗族自治州志》,贵州人民出版社 1991 年版。

[48]钱星:《浅述清水江畔苗族的龙船文化》,载《贵州民族研究》2000 年第 2 期。

[49]生态文明贵阳国际论坛编辑委员会:《生态文明贵阳国际论坛 2013 年特别号》,2013 年。

[50]世界环境与发展委员会(1987)编著,王之佳、柯金良译:《我们共同的未来》,吉林人民出版社 1997 年版。

[51]台江县地方志编辑委员会:《台江县志》,贵州人民出版社 1994 年版。

[52]台江县非物质文化遗产中心:《台江县省级(国家级)非物质文化遗产工作监查材料(一)》,2013 年。

[53]台江县人民政府:《关于成立台江县苗族文化保护委员会及台江县世界遗产申报委员会及其办公室的通知(第 61 号文件)》,2001 年。

[54]台江县文体广电旅游局:《施洞独木龙舟国家级非物质文化遗产申请报告》,2007 年。

[55]田军:《清水江苗族龙船节来源传说分析》,载《贵州民族研究》1996 年第 2 期。

[56]威廉·A.哈维兰(2001)著,翟铁鹏、张钰译:《文化人类学》,上海社会科学院出版社 2006 年版。

[57]文崇一:《九歌中的水神与华南的龙船赛神》,载《民族学研究所集刊》1961 年第 1 期。

[58]吴春明:《黔东南台江施洞"子母船"在太平洋文化史上的意义》,载《贵州民族研究》2008 年第 5 期。

[59]吴萍等:《黔东南龙舟活动的起源、现状与对策研究》,载《贵州民族研究》2009 年第 5 期。

[60]吴思震:《舟船史活化石——苗族独木龙舟文化》,载《中国魅力》2008 年第 7 期。

[61]吴通发:《贵州清水江苗族龙船节》,载《中华龙船集刊》1988 年版。

[62]吴一文,覃东平:《苗族古歌与苗族历史文化研究》,贵州民族出版社 2000 年版。

[63]吴泽霖:《贵州苗夷社会研究》,民族出版社 2004 年版。

[64]吴泽霖、陈国钧:《贵州苗夷社会研究》,民族出版社 1940 年版。

[65]熊克武:《台江苗族历史与文化》,中国文化出版社 2010 年版。

[66](清)徐家干著,吴一文校注:《苗疆见闻录》,贵州人民出版社 1997 年版。

[67]杨村、文玉深:《乡土剑河》,贵州人民出版社 2008 年版。

[68]杨世如等:《苗族独木龙舟竞渡的体质人类学分析》,载《体育学刊》2009 年第 7 期。

[69]杨世如:《体育人类学"田野工作"运用实践——苗族独木龙舟竞渡调查方法例证》,载《贵州民族研究》2009 年第 6 期。

[70]杨世如等:《苗族独木龙舟原始竞技的体育文化遗产界定》,载《体育学刊》2010 年第 8 期。

[71]杨世如等:《原始礼仪竞技的体育人类学研究——苗族独木龙舟竞技文化调查》,载《贵州民族研究》2010 年第 5 期。

[72]杨学军等:《清水江流域苗族龙舟节》,载《民族论坛》1990 年第 3 期。

[73]于倩:《黔东南苗族"独木龙舟节"桡手服饰及文化含意》,载《湖北民族学院学报(哲学社会科学版)》2011 年第 4 期。

[74]张红娜:《苗族独木龙舟文化调查》,载《原生态民族文化学刊》2009 年第 4 期。

[75]张松:《中国文化遗产保护法制建设史回眸》,载《历史文化名城保护》2009 年第 7 期。

[76]张中奎:《改土归流与苗疆再造》,中国社会科学出版社 2012 年版。

[77]姬安龙:《苗语台江话参考语法》,云南民族出版社 2012 年版。

[78]中国中央人民政府:《国务院办公厅关于我国非物质文化遗产保护工作强化的意见》,2005 年。

[79]周华等:《苗族独木龙舟竞渡形式美学研究》,载《贵州民族大学学报(哲学社会科学版)》2012 年第 6 期。

[80]朱继伟等:《苗族独木龙舟活动身体技法研究》,载《贵州师范学院学报》2013 年第 12 期。

[81]朱娜:《贵州省民族传统节日体育商业模式的研究——以镇远五月初五端午节龙船大会及施洞独木龙舟节为例》,贵州师范大学硕士学位论文,2014 年。

[82]庄孔韶:《人类学概论》,中国人民大学出版社 2006 年版。

日语文献

[1]安田登(2005)、『能に学ぶ身体技法』。東京:ベースボール・マガジン社。

[2]安倍道子(1975)、『楚の神話の系統に関する一試論』。中国大陸古文化研究 7。

[3]安冨俊雄(2003)、『龍舟競渡の伝播と変容』。民族スポーツの世界 74。

[4]伊藤亜人(2007)、『文化人類学で読む日本の民俗社会』。東京:有斐閣。

[5]印東道子(2007)、『生態資源と象徴化(資源人類学 07)』。東京:弘文堂。

[6]寒川恒夫(1980)、『稲作民伝承遊戯の文化史的考察—東アジア、東南アジアを中心にして—』。早稲田大学スポーツ人類学研究室蔵。

［7］寒川恒夫(1988)、『スポーツ人類学入門』。東京：大修館書店。

［8］寒川恒夫(1991)、『図説スポーツ史』。東京：朝倉書店。

［9］寒川恒夫(1994)、『スポーツ文化論』。東京：杏林書院。

［10］寒川恒夫(1995)、『21世紀の伝統スポーツ』。東京：大修館書店。

［11］寒川恒夫(1997)、『フィールドワークの方法論』。日本体育学研究41。

［12］寒川恒夫(2003)、『遊びの歴史民族学』。東京：明和出版。

［13］寒川恒夫(2004)、『教養としてのスポーツ人類学』。東京：大修館書店。

［14］寒川恒夫主編(2008)、『東アジアにおける民族スポーツの観光化変容研究成果報告書』。

［15］岸野雄三(1988)、『最新スポーツ大事典』。東京：大修館書店。

［16］金丸良子(2005)、『中国少数民族ミャオ族の生業形態』。東京：古今書院。

［17］君島久子(1972)、『洞庭湖の竜女説話―浦島説話に関する新資料―』。中国大陸古文化研究6。

［18］君島久子(1977)、『竜神(竜女)説話と竜舟祭(1)』。国立民族学博物館研究報告2。

［19］君島久子(1980)、『貴州苗族の清水江に於ける龍舟競渡』。中国大陸古文化研究第九・十合併集。

［20］君島久子(1980)、『竜舟競渡考―「武陵競渡略」を中心として―』。東南アジア・インドの社会と文化上。

［21］君島久子(1986)、『中国文献にみる龍舟競漕―方志資料を中心として―』。国立民族学博物館研究報告。

［22］高山陽(2007)、『民族の幻影―中国民族観光の行方―』。山形：東北大学出版会。

［23］佐竹絵美(2006)、『苗族の龍舟競漕―貴州省台江県施洞のフイールドノートから―』。地域研究2。

［24］坂上康博(1998)、『権力装置としてのスポーツ』。東京：講談社。

［25］山下晋司(1996)、『観光人類学』。東京：新曜社。

［26］山下晋司(2007)、『観光文化学』。東京：新曜社。

［27］山下晋司(2007)、『資源化する文化(資源人類学02)』。東京：弘文堂。

［28］山下晋司(2008)、『文化人類学キーワード』。東京：有斐閣。

［29］山下晋司(2011)、『観光学キーワード』。東京：有斐閣。

［30］柴真理子(1993)、『身体表現―からだ・感して・生きる―』。東京：東京書籍。

［31］小松和彦・田中雅一・谷泰・原毅彦・渡辺公三(2004)、『文化人類学文献事典』。東京：弘文堂。

［32］菅原和孝(2007)、『身体資源の共有(資源人類学09)』。東京：弘文堂。

［33］石井隆憲（2004）、『スポーツ人類学』。東京：明和出版。

［34］村橋俊之（2011）、『中国武術の文化産業化—『功夫伝奇』を事例にして—』。スポーツ人類學研究 13。

［35］村松一弥（1974）、『苗族民話集—中国の口承文芸 2』。東京：東洋文庫。

［36］田畑久夫・金丸良子（1989）、『中国雲貴高原の少数民族ミャオ族・ドン族』。東京：白帝社。

［37］武内房司・塚田誠之（2014）、『中国の民族文化資源—南部地域の分析から』。東京：風響社。

［38］林蟻中（1990）、『龍舟競漕考—中・日民俗行事の比較研究—』。比較民俗研究 1。

［39］鈴木正崇（1988）、『龍船節についての一考察—貴州省苗族の事例研究—』。調査研究報告 25：漢民族を取り巻く世界。

［40］鈴木正崇（2010）、『祭祀と世界觀の変容——中国貴州省苗族の龍船節をめぐって』。法学研究 83。

［41］鈴木正崇（2012）、『ミャオ族の歴史と文化の動態——中国南部山地民の想象力の変容』。東京：風響社。

［42］鈴木正崇・金丸良子（1985）、『西南中国の少数民族』。東京：古今書院。

德语文献

de Beauclair，Inez. Die Ta-Hua Miao der Provinz Kueichou. Institut für Sinologie 1，Ein Dorf der Ta-hua Miao in Yünnan .1936 .

法语文献

［1］F.M.Savina. Histoires des Miao. The Gregg Publishing Company，New ed (1972) of 1924 ed.

［2］MarcelMauss. Sociologie et anthropologie. recueil de textes，préface de Claude Lévi-Strauss，Presses universitaires de France，1950. Recueil d'articles comprenant l' Essai sur le don. (lire en ligne)

英语文献

［1］Alfred Reginald Radcliffe-Brown. Method in Social Anthropology. Chicago，University of Chicago Press（Trad. español Ed. Anagrama，Barcelona.），1958.

［2］Bronislaw Malinowski. A Scientific Theory of Culture and Other Essays. A Galaxy Book，New York：Oxford University Press，1960.

［3］Clarke，S. R. Among the Tribes in South-West China. London：Morgan & Scott，1911.

[4]Gary Ferraro. Cultural Anthropology：An Applied Perspective，4th edition. Belmont，CA：Wadsword/Thomson Learning，2001.

[5]George E，Marcus and Michael M.J. Fischer. Anthropology as Cultural Critique，An Experimental Moment in the Human Sciences. Chicago：the University of Chicago Press，1986.

[6]GlennMccartney & Linda Osti. From Cultural Events to Sport Events：A Case Study of Cultural Authenticity in the Dragon Boat Races. Journal of Sport & Tourism. 2007，12.

[7]Inez deBeauclair. Culture traits of non-Chinese tribes in Kweichow Province，Southwest China. Sinologica vol. 5，1956 (1).

[8] Inez deBeauclair. Ethnic Groups of South China，Tribal Cultures of Southwest China. 1970.

[9]Meng，M& T，Sogawa. On the historical transformation of the dragon boat race of the Miao in the Qingshui River region of Guizhou Province of China from a cultural anthropological perspective. Asia Pacific Journal of Sport and Social Science. 2016，5.

[10]Sam Pollard (with Henry Smith and F JDymond). The Story of the Miao. London：Henry Hooks，1919.

[11]Tim Oakes. Eating the food of the ancestors：place，tradition，and tourism in a Chinese frontier River town. Cultural Geographies.1999，6.

[12] Victor Turner. The Ritual Process：Structure and Anti-structure. New York：Cornell University Press，1966.

[13] William · A. Haviland. Cultural Anthropology：The Human Challenge. Wadsworth Publishing，14 edition，2001.